인문치료총서 15

인문치료 대상별 사례 연구

강원대학교 인문과학연구소 (엮음)
김익진, 유강하, 유건상, 윤일수, 정성미, 최병욱, 김선희 (지음)

강원대학교 출판부

책머리에

강원대학교 인문과학연구소 인문한국 인문치료사업단이 인문치료학이라는 어젠다로 연구를 시작한 지도 8년이라는 시간이 흘렀다. 인문치료학은 출발점부터 이론 연구와 실천 활동을 유기적으로 결합해서 진행해야 했다. 인문치료 실천 활동은 집단이나 개인에게 인문학적 방법을 활용하여 정서적・정신적 건강을 증진시키는 통합적 치유과정이다. 연구가 시작된 다음 해인 2008년부터 군부대, 북한이탈주민, 재활병원, 자활참여자, 위기의 청소년, 교도소 등 인문학의 혜택을 받기 힘든 계층들로부터 예방적 차원에서 일반인과 학생에 이르기까지 다양한 대상들을 위한 인문치료 실천 활동을 진행해 왔다.

인문치료 실천 활동을 통해 우리는 대상자들의 정서적 안정을 유도하고 자활 및 재활의 의지를 고양시킬 수 있었으며 실천 활동의 결과는 논문이나 총서 등 학술적으로 정리되어 새로운 형태의 융복합 학문인 인문치료학의 정립을 위한 학문적 토대를 마련할 수 있었다.

2015년 인문치료학 연구 8년을 마무리하는 시점에서 세 번째 사례 연구를 출간하게 되었다. 첫 번째 사례 연구는 2013년 출간된 총서 11호 〈인문치료 사례 연구〉이고, 두 번째 사례 연구는 2014년 총서 13호 〈인문치료 소통 사례 연구〉이다. 세 번째 사례 연구가 총서 15호로 출간된 〈인문치료 대상별 사례 연구〉이다.

인문치료 실천 활동은 집단상담과 개인상담 형식으로 구분해서 진행되는데, 대부분의 경우는 집단 형태로 진행되고 있다. 인문치료 실천 활동을 진행하고 있는 주요 협력 단체는 한국법무보호복지공단 강원지부, 춘천 교도소, 춘천 소년원, 강원도재활병원, 강원서부하나센터, 강원도지역자활센터, 춘천청소년자립생활관, 춘천청소년꿈키움센터 등이다.

이 책에서 소개하는 일곱 편의 사례 연구 중 여섯 사례가 집단상담 사례이고, 한 사례만 개인상담 사례이다. 집단상담의 사례는 학교 밖 청소년, 대학생, 노인 재활환자, 가정폭력 피해여성, 북한이탈주민, 자활사업 참여자를 대상으로 하였고, 개인상담 사례는 대인관계 문제를 호소하는 대학생을 대상으로 한 사례 연구이다.

첫 번째 사례는 학교 밖 청소년을 대상으로 한 인문치료 사례 연구이다. 위기청소년을 위한 인문치료는 어느 정도의 효과를 보일 수 있을까? 미래시점에서 자서전 쓰기 과정에서 청소년들의 변화를 지켜본 사람들은 많다. 수치상으로도 이들의 변화는 획기적이었다. 사전 사후검사를 통해 이들의 자존감이나 자기효능감 등이 크게 향상된 것을 알 수가 있었다. 특히 인문치료를 시행하기 전에 45% 가까이 기록되던 재범률은 미래시점에서 자서전쓰기를 진행하는 동안과 그 이후 5%로 급격히 줄어든 사실이 춘천보호관찰소 통계에 의해 증명되었다.

두 번째 사례는 대학생의 소통능력 증진을 위한 예방적 차원의 사례 연구이다. 이 연구에서는 많은 사람들에게 답답함과 불편함을 야기하는 불통의 해소를 위한 방법에 대해 논하였다. SNS 등

소통할 수 있는 도구의 증가에도 불구하고 불통으로 인한 문제는 나날이 심각해지고 있는데, 대학의 토론 수업을 통해 소통의 중요성과 태도에 대해 인식하게 하고, 소통능력을 증진시킬 수 있다는 점을 밝혔다.

세 번째 사례는 남성 노인 재활환자들을 대상으로 한 인문치료 사례 연구이다. 이 프로그램의 목적은 노인 재활환자들에게 시 감상 및 창작 중심의 미술활동을 보조적으로 활용한 인문치료를 실시하여 정서적 안정을 증진하고 삶의 질을 향상시키는 것이다. 따라서 노인 재활환자의 정서적 안정과 삶의 질 향상에 초점을 맞춘 인문치료 방법을 모색해 봄으로써 인문치료의 활용가능성을 살폈다.

네 번째 사례는 가정폭력 피해여성을 대상으로 한 인문치료 사례 연구이다. 예술 중심의 인문치료 프로그램에 참여한 가정폭력 피해여성의 인식변화와 그것이 지니는 본질적인 의미를 밝히기 위해 현상학적인 질적 연구방법을 사용한 연구이다. 연구 결과, 남성 중심의 가부장사회는 여성을 비인격적으로 대하는 분위기를 조성하고 있었으며, 억압된 삶을 살던 여성의 역기능적인 대응이 가정폭력을 유발시키는 요인으로 작용하고 있었다.

다섯 번째 사례는 북한이탈주민을 위한 인문치료 프로그램인 '찾아가는 새터민학교'의 사례 연구이다. '찾아가는 새터민학교'는 지역의 초기적응을 위해서 문화적응 스트레스를 극복하고, 자신과의 내적 소통의 민감도를 증진하여 적응의 효율성을 높이는 인문치료 프로그램이다. 북한이탈주민의 지역초기적응을 위한 인문치료는 인지모델과 은유모델과 의사소통심리학에 이론적 근거를 두고 있다. 인문치료 활동을 통해서 남북한 언어의 이질성에 대한 왜곡된 인지를 수정하여 남북한 언어의 동질성에 대한 인식을 새롭게 하였고, 은유적 접근으로 언어 문제에서 남한사회에 적응하는 삶의 문제로 확장하도록 사고를 유도하여서, 초기 지역적응에 임하는 북한이탈주민에게 자신의 삶에 대한 통찰의 기회를 제공할 수 있었다.

여섯 번째 사례는 자활 참여자를 대상으로 한 인문치료 사례 연구이다. 이 글은 고전과 영화를 활용하여 '행복', '긍정', 그리고 '꿈'이라는 세 가지 주제를 가지고 실시한 인문치료 프로그램 활동의 결과이다. 다양한 굴곡의 삶을 살아온 자활 참여자들의 자활 의지를 살리게 하기 위해서 고전 읽기를 통해 자신의 삶에 대해 진지하게 성찰해 보는 시간을 마련하였다. 또한 그들의 행복한 현재와 미래를 위해 삶을 보다 긍정적으로 살아가는 방법은 무엇인지 영화를 통해 고민해보는 시간을 갖도록 하였다.

일곱 번째 사례는 20대 청년 개인을 대상으로 한 철학 중심의 인문치료 사례 연구이다. 이 사례 연구는 가치의 가치에 대한 니체의 물음을 오늘날 우리의 가치물음과 접목하여 철학상담치료적으로 살펴본 상담사례이다. 자신의 삶의 가치의 탈가치화로 인한 대인관계의 문제를 호소하는 내담자를 돕기 위하여 철학상담치료사로서 필자는 니체의 가치의 가치 문제설정 패러다임의 치료적 활용가능성을 모색해 보았다. 뿐만 아니라 내담자의 호소문제 해소를 위한 방법으로는 철학상담치료에 있어서 기본적인 방법 중에 하나인 소크라테스적 문답법과 LBT의 계보학적 성찰을 절충하여 보았다. 이를 통하여 니체의 '가치의 무화' 또는 '탈가치화' 담론이 현대인들의 삶을 위기 상황에서 구할 수 있는 원동력인 '회복탄력성'에 얼마나 기여할 수 있는지를 검토해 보았다.

앞으로도 새로운 실천 인문학의 지평을 연 인문치료학은 인문학의 본연의 치유적 속성을 다양한 대상에게 적용하여 인문치료학의 토대를 다지는 사례 연구를 진행해 갈 것이다. 인문치료 실천 활동 사례 연구는 관련 자료를 모듈화하여 축적하고 있다. 축적된 모듈과 사례 분석 연구를 통해 인문치료 실천 활동의 질적인 향상을 도모하고 이론 연구와의 융합 연구를 지속적으로 추진해 갈 것이다.

2015년 6월

저자를 대표하여 정성미 씀.

| 차 례 |

인문치료 대상별 사례 연구

강원 청소년 자립생활관 인문치료 프로그램 〈미래시점에서 자서전 쓰기〉

대학생들의 소통 능력 증진을 위한 예방적 층위의 인문교육

노인 재활환자 대상 인문치료

가정폭력 피해여성을 대상으로 한 분노 경감을 위한 인문치료

북한이탈주민을 위한 인문치료 프로그램 '찾아가는 새터민학교' 사례

고전과 영화를 활용한 자활참여자 인문치료

'회복탄력성' 증진을 위한 개인 철학상담 사례

강원 청소년 자립생활관 인문치료 프로그램

〈미래시점에서 자서전 쓰기〉

김 익 진

1. 프로그램의 개요

강원청소년자립생활관 청소년 인문치료 프로그램인 〈미래시점에서 자서전 쓰기〉는 2013.10.08. - 2013.10.29. 까지 매주 1회 60분간 총 50회기로 진행되었다. 대상은 강원 청소년 자립생활관(시작 당시에는 춘천 청소년 자립생활관) 거주 청소년이었다. 총 참여인원은 시기에 따라 변화가 있었지만 회기당 평균 참여율은 7명 남짓하였다. 본 프로그램은 강원청소년자립생활관 거주 청소년들에게 절대적으로 부족한 소통능력을 인문학적 개입을 통해 증진시키고 미래에 대한 구체적인 꿈을 품게 하기 위한 장기 프로그램이었다. 대상 청소년들은 1년간 진행된 〈미래시점에서의 자서전 쓰기작업〉 과정에서 건강한 자아의식 및 자기 효능감을 경험하였고 꾸준히 참여한 2명과 후반부에 참여한 1명이 자서전을 완성하여 공식적인 출간을 할 수 있었다. 프로그램의 진행과정에서 이들에게 있었던 변화는 극적이라고 표현할 수 있을 만큼 큰 것이었고 그 개별적인 변화들은 생활관의 전체적인 분위기를 긍정적으로 바꾸어 놓는 계기가 되었다. 이 지면을 통해서 우리는 프로그램 진행과정과 출간된 자서전의 의미를 집어보려 한다.

2. 지난 1년간의 여정과 그 의미

강원 청소년 자립생활관 청소년들에게 중요한 것은 과거가 아니라 미래다. 이들에게 과거는 대부분 다시 생각하고 싶지 않은 괴롭고 슬픈 기억들로 가득 차 있다. 그래서 이들은 과거를 기억하지 못하는 경우가 많다. 아니 기억을 못하는 것이 아니라 안하는 것이라 보는 것이 옳다. 이들에게 그 과거를 소위 치료를 위해 구태여 끄집어 낼 필요는 없었다. 그것은 마치 겨우 아문 상처를 혹은 아물고 있는 상처를 다시 후벼 파는 형국이 될 위험이 있었기 때문이다. 산 날보다 살아갈 날이 몇 곱절 많은 이들을 위해 우리는 이들의 미래가 행복할 수 있도록 할 수 있는 모든 노력을 기울여야했다. 그리고 이를 위해 가장 먼저 진행되어야 할 일은 행복한 미래를 위해 현재를 열심히 살아가겠다는 의지를 다져주는 일이었다.

청소년들이 의지를 키우고 다지기 위해서는 우선 많은 것을 알아야한다. 자신들의 처지와 자신들이 한 행동의 의미를 알아야하고, 미래에 대한 희망과 가능성의 의미를 알아야하며, 자신과 사회와의 관계, 그리고 자신과 타인과의 관계가 지니는 의미를 알아야한다. 그 의미를 정확히 파악하면, 청소년들은 사회가 부과하는 규율을 왜 지켜야하는 지, 자기 주변의 사람들에 대한 배려가 왜 필요한 것인지, 그리고 행복하게 사는 것이란 어떤 것인지에 대해 인지할 수 있게 된다. 다음은 이러한 올바른 인지를 바탕으로 자신을 둘러싸고 있는 사람들과 사회 그리고 환경과 공감을 경험해야 한다. 공감을 경험하기 위해 공감 능력을 키우려고 노력하는 과정에서 이들은 인내와 배려를 훈련하고 또 그 과정이 제공하는 기쁨을 맛보게 된다. 마지막으로 자신이 깨닫고 공감하는 것을 남들에게 표현할 수 있는 능력을 갖추게 되면 이들은 자신을 둘러싼 사회 및 환경과 건강한 방식으로 올바른 소통을 할 수 있게 된다. 이 때 비로소 생활관 청소년들의 미래에 대한 의지는 고양될 수 있으며 그 의지를 실현해나갈 능력도 배양될 수 있다.

생활관 청소년들이 자신의 처지를 현실적으로 파악하고 자신의 문제에 대한 해결책을 스스로 찾게 함으로써 미래의 발전 가능성에 대한 희망을 품도록 유도하기 위해 우리가 선택한 방법은 〈미래시점에서 자서전 쓰기〉였다. 자서전을 쓰는 과정에서 청소년들의 꿈을 실현하기 위해서 갖추어야할 개인적인 태도와 자질 그리고 사회가 그들에게 요구하는 것에 대해 구체적으로 인식시킴으로써 주변과의 상호 소통능력을 함양할 수 있도록 유도했다. 그 과정에서 꿈을 실현하기 위해 청소년들이 반드시 인지해야할 사회 체계와 현실을 스스로 공부하여 깨우칠 수 있는 기회를 제공할 수 있었다. 작성된 이들의 자서전은 그들의 삶의 이정표가 될 수 있을 것이라는 믿음이 있었다.

처음 출발은 10명이었다. 그 중 2명은 학교에 복학을 하게 되면서

4개월만에 프로그램 참여를 중단했었지만 그들의 4개월 동안의 변화도 매우 의미 있는 것이었다. 중간에 퇴소하게 된 인원들을 제외하면 처음 출발하여 이 작업이 끝날 때까지 같이 한 인원은 2명이다. 그 2명의 자서전은 이제 완성되었다. 다른 참여자들의 글도 첨부했다. 그들이 글쓰기작업을 하면서 얼마나 많은 변화를 경험하게 되었는지를 가늠해 볼 수 있는 척도가 되기 때문이다.

정환은 시작할 때부터 필력이 좋은 편이었고 프로그램 진행 중 발전 속도 또한 남달랐다. 프로그램 중간에 두어 달 참여를 하지 못했지만 재참여과정에서 부족분을 매울 수 있었다. 정환이는 프로그램을 시작했을 때 계획한 대학입학이 실제로 이루어졌다. 몽골에 봉사여행 다녀온 것도 자서전내용에서 중요한 부분을 차지하고 있다. 무엇보다도 몽골에서 매일 쓴 일기가 대견했다. 내용도 좋았지만 매일 일기를 쓴다는 행위를 계획하고 실천에 옮겼다는 사실이 바라보는 사람을 더 뿌듯하게 만들어주었다.

태수는 가장 성실하게 참여했다. 그리고 1년 동안 참여 의지, 참여 태도, 글쓰기 능력 등에서 가장 많은 발전을 한 것도 태수다. 스스로 대부분의 내용을 혼자 쓴 정환이의 경우와는 달리 태수 자서전의 경우는 강원대학교 학생들이 태수가 쓴 토막글을 읽은 후에 협력하여 작성한 부분이 상대적으로 많다. 태수가 직접 쓴 부분과 비교해볼 때 글의 수준이나 문체가 차이가 나지만 크게 수정하지 않고 그대로 편집을 했다. 물론 그 글 중 태수의 생각과 많이 다른 것들은 삭제하고 또 태수의 새로운 글을 삽입하기도 하였다. 이 자서전 작성의 첫째 목표는 '작성자에게 이정표가 될 수 있는 글쓰기'다. 따라서 대학생들이 자신들의 구체적인 경험을 태수의 입장에서 표현해본 글들은 태수에게 도움이 될 것이다. 태수에게는 이 글을 몇 번이고 읽어보게 하였다. 좋을 글을 반복하여 읽으면 그 글의 내용은 읽는 이의 것이 된다. 태수가 이 글을 반복하여 읽으면 그 글에 나타난 긍정적이고 발전적인 삶이 반드시 태수의 것이 될 수 있을 것이라고 믿고 있다.

명열이는 1년 프로그램 중 6개월 가까이 참여를 중단했었다. 프로그램 시작 당시 가장 큰 변화와 발전을 줄 것으로 기대를 모았던 친구여서 참여를 중단하게 되었을 때 실망이 컸다. 그러나 우여곡절 끝에 다시 생활관으로 돌아왔고 예전의 그 발전적인 모습을 되찾고 있다. 명열은 시에 소질과 열정이 있다. 이 책에 실게 된 명열의 시는 매우 의미가 깊다. 향후 진행되었던 다른 1년의 인문치료 프로그램 〈시 쓰기와 읽기를 통한 소통능력 증진〉에서 중요한 변화를 기대할 수 있었다.

준섭이의 경우는 사실상 지난 프로그램에 참여한 시간은 얼마 되지 않았다. 그러나 워낙 글쓰기를 좋아하고 또 생활관 선생님들께 많은 편지를 쓴 바 있어 자서전 원고 마감 시간에 맞추어 글의 분량에 상관없이 자신의 삶과 꿈을 적어보라고 했다. 그 내용이 매우 진솔하고 또 감동적이어서 자서전의 일부로 구성하였다.

자서전을 작성하는 과정에서 철자법이 잘못 된 부분은 수정을 했다. 이 책을 읽게 될 비슷한 환경의 청소년들에게 영향을 미치게 될 것이기 때문이다. 하지만 문장의 구성이나 어법의 문제는 해독이 가능하다면 잘못이 있더라도 그 상태로 두었다. 문장의 수

려함이나 내용의 치밀한 구성 등은 좋은 글쓰기를 위해 요구되는 사항이지만 이들의 글쓰기에는 수려함이나 치밀한 구성보다는 미래에 대한 자신들의 꿈을 몽상의 수준이 아닌 현실적인 꿈의 수준으로 구상화시킨 작업이라는 의미가 더 중요했다.

3. 자서전 작성과정

보호관찰 대상 청소년들이 지니고 있는 문제는 다양한 각도에서 분석이 가능하겠지만 인문치료적 입장에서 보는 문제는 역시 소통 문제였다.[1] 〈자서전 쓰기〉의 형태로 진행된 인문치료 프로그램에서도 소통의 문제에 중점을 두고 프로그램 내용을 구성했다. 50회기의 긴 프로그램이어서 소통의 차원은 네 가지 형태의 소통 전반에 걸쳐 소통 능력을 증진시킬 수 있도록 유도하였다.

처음 글쓰기 작업은 매우 힘이 들었다. 참여청소년들은 대부분 어린 시절부터 정상적인 교육을 받기 힘든 상황에 처해 있었기 때문에 인지능력이나 표현능력 등에서 또래의 청소년들에 비해 많이 뒤쳐져 있는 상태였다. 더 심각했던 것은 이들에게 무엇인가를 하려는 의지가 거의 없었다는 사실이다. 이들에게 말을 시켜도 십중팔구 대답이 없었으며 눈도 마주치려 하지 않았다. 혹시 대답을 하더라도 그 대답은 반항기 가득 찬 내용으로 상대를 떠 보기 위한 공격적인 내용이었다. 꿈을 물어보는 질문에 로또복권 당첨이라는 답을 툭 던져놓고는 고개를 숙인 채 담을 쌓는 눈빛을 모로 보내는 모습이 이들과 처음 만남에서 가장 흔히 마주 칠 수 있었던 모습이었다. 이들에게 글쓰기에 재미를 느끼게 해주는 일이 시급했다. 그래서 고안해낸 것이 먹을 것에 대한 묘사를 통한 구성원들끼리의 글쓰기 경합이었다. 점심시간에 근접해 시작되었던 회기동안 대부분 게으른 아침을 보낸 이들은 시장기를 느끼고 있었고 그들에게 맛있는 먹을거리는 주목을 끌 수 있는 가장 큰 흥밋거리였다. 첫 4주 동안 삶은 새우, 통닭, 사과, 삶은 밤과 고구마 등을 준비해 그 먹을거리를 그림으로 그리고 다시 글로 묘사한 후 먹을 수 있도록 했다. 그리고 참여자들이 쓴 글을 그 자리에서 발표하게 하여 내용을 나누었다. 발표자에 대해서는 참여자 전원이 일정 기준을 통해 점수를 매겼고 그 점수를 통합하여 등수를 정한 후 상위 3인에게는 일정의 상금을 부여하였다. 참여자들은 흥미로워 했고 그 흥미의 결과는 아래와 같이 놀라운 변화를 가져왔다. 참여자 중 가장 막내이자 가장 저항이 심했던 동민의 13년 11월 5일 첫 날 새우에 대한 묘사가 아래와 같았다.

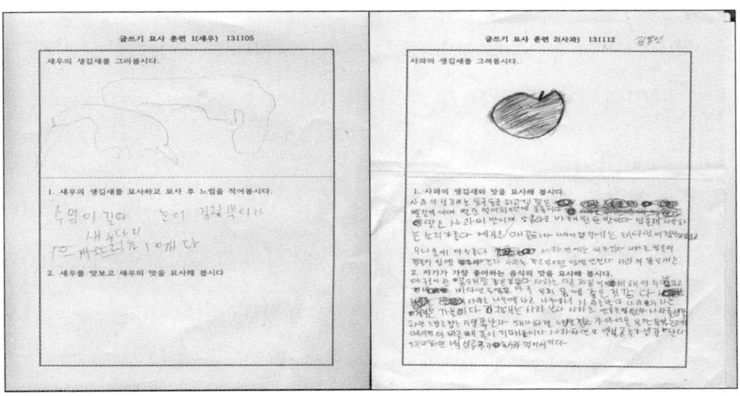

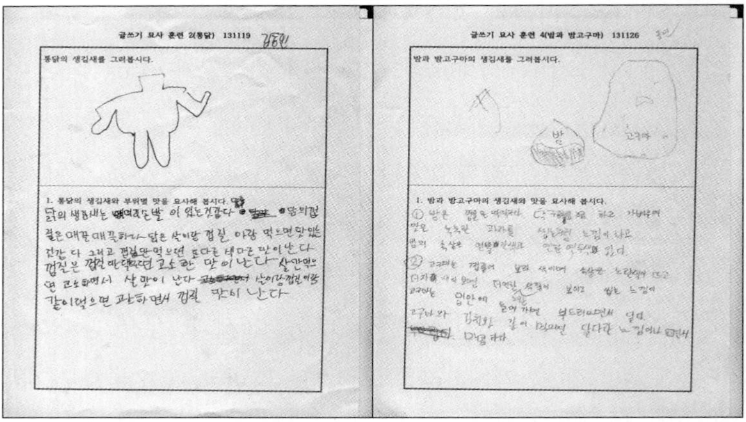

새우를 그린 모습이나 묘사한 글에서 마지못해 참여하고 있는 모습만 보일 뿐이지만 한 주가 지난 사과와 두 주가 지난 통닭에 대한 묘사에서 변화는 생각보다 컸다. 동료들과 상금을 놓고 하는 경쟁에서 자신이 일 등을 해보겠다는 생각은 여전히 없었지만 참여한 형들의 자발적인 모습에 자극을 받아 그림에 있어서나 글에 있어서 모든 참여자들을 놀라게 할 만큼 성실한 모습을 보였다. 동민의 이러한 반응에 모든 참여자들은 경탄을 보냈고 이러한 반응은 참여자 서로서로에게 긍정적인 순환의 연쇄반응을 불러오는 계기가 되었다.

이렇게 촉발된 참여 청소년들의 글을 쓰기 위한 잠복 에너지는 그 이후 터진 봇물처럼 흘러나왔다. 한 시간의 회기중 5분을 집중하기 힘들었던 청소년들은 주제가 주어지면 30분 이상 글쓰기에 몰두하기도 하였고 또 A4용지 한 장정도의 분량은 15분 이내에

채울 수 있을 만큼 글쓰는 속도 빨라졌다.

26회기가 지나고 그 동안 모아진 글감들을 정리하여 체계적으로 구성하기 위해 집중적으로 프로그램을 진행할 필요가 있었고 그 필요에 의해 지리산 3박 4일 인문치료 캠프가 계획되었다. 2014년 4월 7일에서 10일까지 진행된 캠프에서는 그 동안 청소년들이 작성한 글감들을 구성하기 위한 작업에 주안점을 두어 프로그램을 진행하였으나 프로그램 진행 중 뜻하지 않은 성과를 발견하게 되었다.

2013년 10월 29일 4회기에 아래와 같은 질문지를 주고 얻은 대답에 비해 5개 월이 지난 시점인 지리산 캠프에서 던진 같은 질문에 대한 대답의 차이는 극명하게 달라졌다. 10년 후 나는 어디에 있을까요 ? 10년 후 나는 누구와 있을까요 ? 10년 후 나는 무엇을 하고 있을까요 ? 10년 후 나는 어떤 집에 살고 있을까요 ? 10년

후 나는 어떤 차를 타고 있을까요 ? 10년 후 나는 어떤 꿈을 꾸고 있을까요 ? 등에 대한 질문에 시작 단계에서 얻을 수 있는 대답은 비현실적인 것들이었다. 살고 싶은 집이나 타고 싶은 차등에 대한 청소년들의 기대치는 꿈이라기 보다는 몽상에 가까운 것이었다. 그러나 5개월이 지나 집중 캠프에서 얻은 대답들은 이 전에 비해 무척이나 현실적인 내용들이었다. 아래 정리된 답을 보면 이들의 허황되다 못해 황당했던 몽상들이 어떻게 진정한 꿈이 되었는가가 드러난다.

	어디	누구와	무엇을	어떤 집	어떤 차	어떤 꿈
	한 식당 주방	여자친구, 사장님 아줌마	밑바닥부터열심히 주방일	조그마한 원룸	YF소나타	어서 빨리 정상에 설 꿈
	서울	착한 와이프	서울에서 유명한 꽃집	2층 나무로된 60평	SM3	내가 딸을 나서 물려줄 꿈
	PC방	나 혼자	게임. 일	보통집	티코	
	토익점수 잘 받고해 외유학	아내	창업준비 중	넓지 않아도 허름하지 않은집	준중형 차	카톡을 뛰어넘는 프로그램 개발
	학교	학생들	중학교에서 교사생활	20평 전세 아파트	평범한 차	교감이나 교장 선생님
	헤어샵의 높은 지위	직원 사랑하는 사람	유능한 디자이너 많은 만남	재산에 맞는 평범한 집	아우디 A6	헤어샵 소유
	군대	사랑하는 사람과	부사관	주택	벤츠	

타고 싶은 자동차가 마이바흐나 BMW M 시리즈 등 억대를 넘는 초호화 승용차였으나 위의 표에서 보듯이 이들의 꿈은 무척 현실적으로 변했다. 이러한 변화는 무척이나 고무적인 것이었고 또

자서전 쓰기 작업 동안에 획득할 수 있었던 중요한 부가적 효과였다. 꿈을 꾸고 그 꿈을 글로 옮기는 동안 이들의 꿈은 실천의 가능성을 내포한 범주로 들어왔고 그것은 위기 청소년들인 교도소 수감자들에게 공통적으로 나타나고 있는 일확천금의 몽상으로부터 벗어나고 있음을 증명하는 것이기 때문이다.

이 1차 캠프 이후 이들의 글쓰기 작업은 급격하게 진전되었고 생활태도도 눈에 띠게 긍정적으로 변하였으며 또 청소년들 특유의 발랄한 에너지가 넘치는 모습을 볼 수 있었다. 1차 캠프가 진행된지 약 3개월 후 우리는 또 한 번 스토리텔링을 통한 글감배치를 위해 집중할 수 있는 시간과 장소가 필요했고 2차 캠프를 계획했다. 2차 캠프에서도 1차 캠프에서와 마찬가지로 기대하지 못했던 효과가 파생되었다. 기타를 배우며 전국 8개의 청소년자활센터와 소년원생들이 모여 진행되었던 전국 생활관 캠프에서 장기 자랑을 준비하던 참여청소년들과 캠프기간동안 힘을 모아 작은 공연을 연습할 수 있는 시간을 가졌다. 청소년들의 참여태도는 적극적이었고 2박 3일동안 인문학 캠프를 하는 동안 하루 3시간씩의 인문치료시간을 제외하고 나머지 시간에는 기타와 노래 그리고 율동연습을 하였다. 놀라운 것은 이들의 적극적인 참여와 도전하는 모습이었다. 경쟁에서 일등을 하고 싶다는 바램, 그리고 그 바램을 위한 최선의 노력 등은 일반 청소년들에게서는 보기 어려운 모습은 아니지만 생활관 청소년들에게는 기대하기 힘든 모습이었다. 생활관 청소년들은 지난 8개월간의 여정을 통해 그만큼 변해 있었다. 이들의 노력은 캠프 다음 날부터 진행되었던 전국 생활관 청소년 캠프에서 그 결실을 맺었다. 이들은 장기 자랑에서 우승을 했을뿐 아니라 100여개의 상품 중 40% 가까이를 휩쓸어 버릴 만큼 적극적으로 캠프에 참여했고 관계자들 중에는 이들의 이러한 변화된 모습에 감동의 눈물을 흘리는 사람들도 있었다.

우리는 방학을 맞았고 최종 마무리 작업에 들어갔다. 그리고 그 결과로 2014년 10월 계획했던 자서전을 출간할 수 있었다. 그 목차는 아래와 같다.

1. 감사의 글
2. 지난 1년의 여정과 그 의미
3. 발간사
4. 격려사
5. 실현될 상상의 이야기 : 시 : 윤명열, 자서전 : 유정환, 김태수, 이준섭
6. epliilogue (참여자들의 글 모음)
7. 축하와 격려의 글(보호관찰소장, 담당자, 후원회장 등)
8. 앨범

목차에서 볼 수 있듯이 참여한 청소년 모두가 자서전을 완성한 것은 아니다. 하지만 이 책의 구성을 위해서 자서전을 완성하지 못한 청소년들의 글도 모두 실었다. 특히 인문치료기간에도 여러 번에 걸쳐 어려움을 경험했던 윤명열의 시는 이들의 변화된 모습을 상징적으로 보여주는 내용을 담고 있다.

나무

너는 자연 속에 없어서는 안 될 존재
내가 숨을 쉴 때마다
너는 나에게 공기가 되어주고
너도 나의 공기를 마시며
우린 서로 소통하고 있었구나.
고마운 나무

초록색 물든 너의 잎사귀는
모든 이의 눈을 시원하게 해서 좋다

나무야
너를 볼 때 너무도 무심했던 내가
지금 생각해보니 미안하구나.

나무야
이제 너를 보며 나는 생각한다.
말없이 거기 서있는 너의 모습은 매우 아름답다고...

나무야
나도 너처럼 말없이 아름답게
그렇게 오래 서있을 수 있을까 ?

4. 인문치료의 결과

미래시점에서 자서전 쓰기 과정에서 청소년들의 변화를 지켜본 사람들은 많다. 생활관의 후원자들이나 자원봉사자들을 비롯한 150여명의 관계자들을 초청하여 자서전 출판기념회를 갖는 자리에서 청소년들의 변화된 모습에 많은 사람들이 감격의 눈물을 흘렸고 그중에는 보호관찰관이나 법원관계자들도 있었다. 수치상으로도 이들의 변화는 획기적이었다. 사전 사후검사를 통해 이들의 자존감이나 자기효능감 등이 크게 향상된 것을 알 수가 있었다. 특히 인문치료를 시행하기 전에 45% 가까이 기록되던 재범율은 미래시점에서 자서전쓰기를 진행하는 동안과 그 이후 5%로 급격히 줄어든 사실이 춘천보호관찰소 통계에 의해 증명되었다.

자율성이나 인지능력이 상급인 청소년들의 경우도 지속적인 지도가 없이는 원하는 목표에 다다르기 힘들다. 프로그램을 처음 시작할 무렵에는 생활관의 청소년들이 이런 지도를 따라가는 것조차 매우 낯설어 하는 것을 느꼈다. 그런데 우리는 1년 만에 힘을 합쳐 이 목표를 달성했다. 자서전의 완성은 우리 프로그램의 의미와 가치를 믿고 따라준 청소년들의 작품이다. 완성이 주는 의미는 그 어느 경우의 청소년들보다 크다. 그리고 그 완성은 반두라가 관찰한 바 있는 자기 효능감의 효과를 여실히 드러내는 또 다른 시작이 된다. 우리는 이 완성의 경험을 바탕으로 또 다른 1년간의 프로그램을 구상하고 있다. 2014년 8월 ,국립춘천병원과 강원시

청자미디어센터가 강원대학교 인문과학연구소와 더불어 춘천청소년 자립생활관 청소년들의 교육과 치유를 위해 힘을 합쳤다.

그러나 힘을 합친 것은 단지 이 네 기관만이 아니다. 이 책의 완성을 진심으로 기뻐하고 또 생활관 청소년들을 위해 언제나 물심양면 지원을 아끼지 않고 따뜻한 사랑을 나누어주고 있는 많은 분들의 힘도 여기에 보태어졌다. 이분들이 우리 청소년들에게 해주고 싶은 의미 깊은 조언과 애정 어린 칭찬을 청소년들의 자서전 곁에 실었다. 이글은 춘천청소년자립생활관 청소년들은 물론 전국의 유사한 처지에 있는 모든 청소년들에게 꿈과 희망을 심어줄 수 있을 것이다.

이 프로그램이 진행되면서 춘천청소년자립생활관 청소년들에게 큰 변화가 있었다는 것을 많은 사람들이 인정한다. 수치상으로도 변화는 확실히 관측되었다. 프로그램을 진행하면서도 이들의 변화의 폭이 예상보다 클 때면 기쁨의 탄성이 저절로 나올 때가 많았다. 그러나 이들의 변화는 분명 큰 것이지만 완전한 것은 아니다. 신체적으로나 정서적으로 우리 사회에서 건강한 구성원으로서 지낼 수 있는 상태가 되려면 우리 청소년들은 여전히 갖추어야할 것이 많다. 그래서 우리의 관심과 보살핌은 계속되어야 하는 것이다.

1) 자립 생활관 청소년들의 정신적, 정서적 혼란의 원인은 여러 가지로 볼 수 있겠으나 그 중심에는 소통의 문제가 있다. 소통은 개인과 개인의 문제만은 아니다. 소통은 개인과 그가 속한 집단과의 관계에도 존재하는 것이며 개인 안에서도 존재한다. 특히 한 개인의 내면적 소통은 인문치료가 주목하고 있는 소통의 양태다. 인간은 내면에 다양한 페르소나들을 지니고 있으며 그 페르소나간의 건전한 공존은 내적 소통을 통해 페르소나간에 균형이 이루어질 때 가능해진다. 소통의 형태는 크게 나와의 소통과 남과의 소통으로 나뉜다. 그 중 나와 나의 소통은 마음과의 소통과 몸과의 소통으로 나뉘고 나와 남과의 소통은 나와 타인 그리고 나와 가족, 나와 사회, 나와 환경간의 소통으로 구별된다. 이러한 소통의 구도에 문제가 생기거나 아예 소통을 못하게 되는 경우 개인은 정서적으로 불안을 느끼고 심지어는 소통의 대상들로부터 소외당하게 된다. 소외당한 개인은 소통의 가능성으로부터 점점 멀어지는 악순환이 일어나고 소외된 개인에게는 정신적, 정서적 이상 현상이 나타날 수 있다. 결국'소통의 부재로 인한 소외'는 마음의 병을 일으키는 근본요인이며 정신분석에서 말하는 억눌린 자아나 혹은 인지치료에서 말하는 그릇된 구성개념과 동일한 차원에 위치시킬 수 있는 치료모델의 구성요소다.(이 내용에 대해서는 인문치료 총서 13『인문치료 소통사례연구』 참조)

대학생들의 소통 능력 증진을 위한 예방적 층위의 인문교육

유 강 하

1. 불통즉통(不通則痛)

우리 사회를 읽는 중요한 키워드 가운데 하나는 '소통'(疏通)이다. '불통공화국', '갈등공화국' 등 그간 등장한 신조어와 그 유행, '소통'의 범람은 역으로 '소통의 결핍 시대', '불통'(不通)의 시대'를 읽게 하는 중요한 단서가 된다.

불통즉통(不通則痛), 즉 통하지 않으면 고통이 된다는 『동의보감』(東醫寶鑑)의 간명한 언어는 지금도 유효하다. 소통은 각 기관이 긴밀하게 연결된 유기체인 인간의 몸에도 필요하지만, 개인과 개인, 개인과 공동체, 공동체와 공동체가 맺고 있는 관계에도 필요하다. 유기적으로 이루어진 몸의 불통이 고통을 야기하는 것처럼, 관계로 맺어진 사회적 동물인 인간의 삶에도 불통은 커다란 고통을 가져온다.

관계 속 소통의 막힘, 즉 불통을 해소하는 방법은 하나가 아닐 것이다. 많은 방법 가운데서도 대화와 토론은 유용한 소통의 방법이 될 수 있는데, 최근 몇 년 사이 여러 대학에서 토론수업을 시도

하고 시행하는 것 역시 소통의 부재라는 맥락에서 이해할 수 있을 법하다. 기존의 강의식 수업과 차별화된 토론수업은 비판적 사고능력의 함양, 의사소통능력을 배양한다는 점에서 의미가 있다. 토론수업은 이미 그 자체로 의미가 매우 크다고 할 수 있지만, 토론수업이 지식의 증대나 기술향상에 중점이 주어질 경우, 또 다른 형태의 지식 확장, 기술 습득 과정에 머무를 수 있다는 비판을 피할 수 없을 것이다. 또한 토론수업의 가장 흔한 형태인 승패를 가르는 토론은 자칫 승패에 집중한 나머지 정작 중요한 인간, 사회, 삶에 대한 본질적 성찰을 놓칠 수 있다는 우려에서 결코 자유롭지 못하다.

토론수업의 목적이 서로 다른 의견을 가진 쌍방이 만나 '불통'을 '소통'시키려는 것을 염두에 두고 진행된 것이라면, 토론은 불통이라는 고통을 해소하는 치유의 한 방법이 될 수 있을 것이다. 토론을 이기기 위한 게임이나, 커뮤니케이션 기술의 습득과 같은 실용적 목적에 앞서, 건강한 토론을 할 수 있는 민주시민, 사회 성원을 만들어낸다는 데 목적을 두고 토론수업을 진행한다면, 이는 토론이 보다 조화로운 사회로 나아가는 방법이 될 수 있고, 불통사회에 소통의 중요성과 소중함을 일깨우는 계기가 될 수 있다고 생각한다.

이 글에서 근거로 제시하게 학생들의 글은 2013년 A대학에서 "인문학 고전 읽기와 토론"(중국명작)이라는 과목에서 진행된 실제 토론수업의 일부이다. 이 수업은 인문학적 소양을 기르고 토론에 요구되는 태도 배양에 중점을 두었는데, 인문학을 바탕으로 한 토론교육은 치열한 디베이트식 토론에서 이기기 위한 토론의 기술적 부분만을 습득하는 것이 아니라, 먼저 인간과 삶, 공동체에 대한 사유를 깊고 넓게 함으로써 토론의 이유와 본질, 그리고 목적을 이해하게 하려는 이유 때문이다.

학생들이 다양한 방식으로 토론에 참여하는 경험을 통해 서로 다른 생각과 사유 방식을 확인하고, 서로의 다름을 인정하는 자세를 배움으로써 소통의 중요성을 이해하고 소통을 지향하는 열린 자세, 민주적 태도를 체득할 수 있다면, 이는 결과적으로 불통이 해소되는 건강한 사회로 나아가는 한 방법이 되리라 생각한다.

이 글에서는 최근의 한 사례를 통해 토론의 기술적 측면에 치우친 토론문화의 극단적 폐해를 언급한 뒤, 이에 대한 대안으로 인문학과 함께 이루어지는 토론 수업의 실제 사례의 일부 내용을 소개하여, 토론의 기술도 중요하지만 '인문학적 성찰'과 '민주적 태도 배양'이 무엇보다 중요하게 다루어져야 한다는 점을 말하고자 한다. 또한 토론에 참여한 학생들의 반응을 통해 인문학 기반의 토론수업이 소통에 대한 본질적 이해를 높이고, 민주적 태도를 배양하며, 이는 결국 소통능력의 습득과 증진이라는 긍정적 결론으로 이어질 것이다.

민주사회에서 토론의 필요성, 중요성은 부연설명이 필요하지 않다. 하지만 토론은 이기기 위한 것이 아니라, 소통을 위한 장(場)이다. 토론의 자리에서 배우는 건강한 '태도'는 결과적으로 건강한 사회 성원, 민주시민의 양성으로 이어지고, 이는 보다 원활한 소통이 이루어지는 사회로 나아가는 데 긍정적인 역할을 할 수 있을 것이다.

2. 미성숙한 토론문화에서 빚어진 비극

사회 곳곳으로 번진 소통의 욕구는 사회 전반에 걸친 유행, 문화현상이라 할 만큼 토론문화의 활성화에 기여한 부분이 있다. 사람들은 온라인과 오프라인을 통해 활발히 토론하고, 그간 외면 받았던 토론 프로그램은 어느새 사람들을 끌어당기는 매력적인 것이 되었다. 실제로 근래 우리 사회에서는 온·오프라인에서의 의견교환, 토론 등이 활발하게 이루어지고 있고, 특히 온라인 토론은 정치·사회·문화 각 방면에 관심이 크지 않았던 청년 세대에게 사회적 관심을 갖게 했다는 데 긍정적인 역할을 했던 것으로 보인다.

하지만 여전히 많은 사람들은 우리 사회를 '불통사회'로 생각하고 있다. 지난 2013년에 있었던 한 사건은 토론문화의 양적 성장을 따라잡지 못한 질적인 토론문화의 결핍과 미성숙이 초래하는 반작용, 부작용도 적지 않다는 것을 선명하게 보여준다.

> 사이버 공간에서 정치적 견해가 다르다는 이유로 격한 논쟁을 벌이다 살인까지 한 사건이 발생했다. … 평행선을 달리는 보·혁 논쟁이 부른 어처구니없는 비극이다. 두 사람은 3년 전부터 인터넷사이트 정치커뮤니티에서 활동했다. 두 사람은 원래 진보적 성향이었지만 1년 전부터 견해를 달리하면서 감정의 골이 깊어진 것이 비극[남성이 인터넷에서 토론을 벌이던 여성의 집을 찾아가 흉기로 살해한 사건]의 단초라고 한다. (「살인 부른 保革논쟁, '합리적 토론

문화' 아쉽다」, 『세계일보』(2013/07/17))

최근 수 년 간은 어느 때보다 정치에 대한 관심이 뜨거웠다. 이를 반영하듯, 온라인에서는 자기의 정치적 견해나 취향 등을 밝히며 온라인 토론에 적극적으로 참여하는 사람들이 눈에 띄게 증가하였는데, 문제는 토론문화가 양적으로는 크게 성장했지만 그에 비례하는 질적인 성장을 이루지 못하고 있다는 데 있다. 위의 비극적인 사건은 온라인 토론에 적극적으로 참여하던 두 남녀 누리꾼이 "일 년 전부터 견해를 달리하면서 감정의 골이 깊어진 것"이 단초가 되었다.

토론 초기의 차분한 논리와 생각의 교환은 감정싸움으로 번지고 욕설과 인신공격으로 이어졌으며, 감정을 통제하지 못한 한 일방은 결국 돌이킬 수 없는 비극을 저지르고 말았다. 가해자에게 심신장애나 정신장애가 없었다는 보도는 사람들을 더욱 경악하게 만들었다. 토론을 즐길 정도의 지식은 있었지만 감정을 통제하고 대화하는 방법을 알지 못한 이들, 다시 말해 지적 수준에는 문제가 없었지만 건강한 토론을 해 나갈 정도의 민주적 태도가 결여된 이들은 싸움의 해결책을 찾지 못했다. 이들에게 부족한 것은 비판적 사고력과 논리적 분석력, 관련지식, 내용의 전달 능력 등이 아니라, 민주적이고 건강한 태도였다.

견해가 달라서 감정의 골이 깊어지는 것이 이들만이 겪었던 특수한 경험은 아닐 것이다. 보편적인 상황이 특수한 사건으로 변질된 것, 이들을 돌이킬 수 없는 지경에 이르게 한 것은 성숙한 토론

문화의 결핍이라고도 말할 수 있을 법하다. 이 비극은 지식의 양적증대, 팽창을 주요한 목표로 삼고, 인성교육 등 교육의 본질을 외면하고 망각해 온 우리 사회의 불편한 진실의 일면이기도 하다. 토론은 양적으로 증가했지만, 토론의 질은 오히려 하락했고, 이는 민주주의의 퇴행을 우려해야 하는 수준이 된 것이다.

그렇다고 해서 인터넷 토론을 막을 수는 없는 일이다. 온라인이든 오프라인이든 토론과 대화는 부작용보다 긍정적 측면이 크기 때문이다. 그렇다면, 적어도 교육현장에서 성숙한 토론문화를 경험하게 함으로써 서로 다른 생각을 가진 상대방을 인정할 수 있는 자세와 태도를 가지도록 돕는 것이 하나의 대안이 될 수 있을 것이다. 소통이라는 것이 일방이 아닌 쌍방을 전제로 하는 것이고, 사람마다 다른 다양성과 개성, 성향 또한 고려의 대상이 되어야 하기 때문이다.

인터넷 토론의 부작용 때문에 그것을 원천적으로 없애는 방법보다는 그와 같은 비극이 다시 발생하지 않도록 예방하고, 온라인과 오프라인을 막론한 다양한 토론의 자리에서 어떤 태도를 가져야 하는지 교육하는 한편 스스로 성찰하게 하는 것이 필요해 보인다. 보다 민주적이고 건강한 토론이 될 수 있도록 유도하고, 토론자 '스스로 그러한 태도를 선택'하도록 돕는 것이 건강하고 장기적인 대안이 될 수 있을 것이다. 그러기 위해서는 토론에 직접 참여하여, 토론할 때 필요한 자세나 지양해야 할 태도를 스스로 배우고 체득하는 하는 과정이 필요하다.

3. 인문학과 토론

1) 토론에서 인문학의 자리

기존 연구에서 강조한 것처럼 우리 사회에서의 토론은 토론의 기술을 연마하는 데서 그치는 것이 아니라 민주사회의 지향이라는 거시적인 목표를 향한다는 점에서는 목소리를 같이 하고 있다. 토론교육이 민주시민의 함양, 교양 있는 시민의 양성과 무관하지 않다고 본다면, 토론교육은 인문교육과 병행되어야 한다.

토론문화의 활성화에도 불구하고 사회적 소통은 크게 개선되지 않고, 오히려 대립을 격화시키는 극단적 결과로 이어지기도 하는데, 이는 많은 연구자들이 지적한 것처럼 토론의 기술적 측면, 지적인 측면에 집중한 결과이다. 토론을 '소통의 도구'가 아닌 '승패를 나누는 게임'으로 인식하는 순간, 토론은 현실과 괴리되거나 또 다른 경쟁의 자리로 이어지기 쉽다. 이는 토론의 본래 목적, 즉 입장과 생각을 달리하는 사람들이 모여 '소통'을 하기 위한 공적인 자리라는 것, 보다 인간적이고 이상적인 사회를 만들기 위한 노력의 망각에서 비롯되었다고 볼 수 있다.

인간에 대한 성찰이 결여된 토론이 빚어낸 또 다른 불통의 고통, 이는 인문교육이 필요한 이유이기도 하다. 특히 인문학은 시간과 공간의 차이는 있지만, 사람에 대한 이야기거나 사람들이 만들어낸 사회에 대한 이야기라고 할 수 있다. 동서양 고전(古典)에서 논의되던 내용들이 오늘날에도 다시 되풀이되고 있다는 점이 흥미로운데, 이는 과거나 현재 모두 더 나은 삶, 나은 사회를 만들고자 하는 사람들의 열망에는 크게 차이가 없기 때문이라고 말할 수 있을 법하다. 토론에 앞서, 인간과 삶, 사회의 본질에 대한 고민에서 시작된 인문학을 배우는 것은 보다 깊은 사유, 논의로 나아가게 하는 건강한 토대가 되어줄 것이다.

2) 수업 : "인문학 고전 읽기와 토론"

「인문학 고전 읽기와 토론」(중국명작)이라는 이름으로 개설된 이 수업에서는 문자 그대로 인문학인 중국 고전(古典)들을 '읽고', '토론'한다. 중국 고전을 읽다보면, 고전에서 다루던 주제들이 낯설고 생소하게 다가오지 않는데, 이는 고대인들이 고민했던 문제와 지금 우리가 고민하는 문제가 크게 다르지 않기 때문이기도 하다. 이 수업에서는 중국고전을 통해 고대인들의 생각을 되짚어보고 그와 유사한 주제를 토론주제로 설정하여 조별토론과 전체토론으로 진행하였다. 토론에 경험이 없는 수강생들을 위해 관련 자료[tvN "2013년 제4차 대학토론배틀" 동영상 자료의 일부]를 함께 시청하고, 관련 자료를 함께 독해하면서 토론의 중요성과 토론 때 갖추어야 할 태도에 대해 배우는 시간도 마련하였다. 토론 시간에 진행한 중국 고전과 관련 토론 주제의 일부는 아래와 같다.

내용	토론주제
애공이 물었다. "어떻게 하면 백성들이 복종합니까?" 공자가 대답했다. "정직한 자를 들어 쓰고, 모든 굽은 사람을 버려두면 백성이 복종합니다 그러나 굽은 사람을 들어 쓰고 모든 정직한 자를 버려두면 백성이 복종하지 않습니다." (『논어』(論語)「위정」(爲政)	(1) 이 시대에 '정직'은 진정한 스펙이 될 수 있는가? (2) 우리 시대의 리더에게 요구되는 자질은 무엇인가?
"만일 불량한 자식이 있어 부모가 화내도 고치려 하지 않고, 마을 사람이 꾸짖어도 움직이려 하지 않으며, 스승이나 어른이 가르쳐도 바꾸려 하지 않는다고 하자. 도대체 부모의 사랑과 마을 사람의 지도와 스승이나 어른의 지혜라는 세 가지 미덕이 가해져도 끝내 움직이지 않고 털끝만큼도 고치지 않다가 주부의 관리가 관병을 끌고 공법을 내세워 간악한 사람을 잡으려고 하면 그 후에야 두려워하며 생각을 바꾸고 행동을 고치게 된다. 그러므로 부모의 사랑이 자식 가르치기에 부족하며 반드시 주부(主簿)의 엄한 형벌을 기다려야만 된다는 것은 백성이 본래 사랑에는 기어오르고 위협에는 듣기 때문이다."(『한비자』(韓非子)「오두」(五蠹))	(1) 한비자는 교육에 있어 사랑보다 체벌이 효율적이라고 주장한다. 오늘날 우리 교육의 현장에서도 체벌에 대한 논의는 여전히 끊이지 않고 있다. 체벌은 교육의 유용한 수단인가? (2) 학교체벌은 시행되어야 하는가? 체벌을 대신할 수 있는 대안은 없는가? 있다면 그 대안은 무엇인가?

조별토론을 진행할 때, 학생들은 사회자, 참여자, 서기의 역할을 모두 경험하게 된다. 토론이 끝나면 교수자는 조별로 진행된 내용과 쟁점이 되었던 내용들을 '정리'하고 마무리한다. 전체토론에는 사회자, 참여자, 서기, 그 외에 '청중'의 역할로 참여한다.

토론의 틀

1) 약 4-50명의 학생들이 6개조로 나뉘어 활동.
2) 개별토론은 각 조별로 진행하고, 전체토론은 2개 조가 주도적으로 참여하고, 나머지 조의 조원들은 청중으로 참여.
3) 이 외에 청중으로 참여하는 학생들 가운데 일부는 사회자, 서기(2명), 진행보조자(시간 경과를 알려주는 역할)로 참여.
   조별토론: 사회자, 토론자, 서기
   전체토론: 사회자, 토론자, 서기(2인), 진행보조자, 청중

청중의 입장에서 관찰하는 학생들은 단순히 진행되는 토론을 관망하는 것이 아니라, 제3자의 입장에서 그들을 관찰하고, 평가하는 한편, 질문하면서 참여할 수도 있다. 전체토론은 보통 한 학기 총 세 번에 걸쳐 진행된다. 전체토론 주제가 공지되면, 각 조에서는 조원들과의 합의를 거쳐 어떤 주제에 어떤 입장으로 참여할 것인지를 선택한다. 두 조가 직접 토론에 참여하고, 나머지 네 조는 '청중'으로 참여하면서 주어진 '토론참여지'를 작성한다. 토론참여지에는 기본적으로 '토론 전'/'토론 후'의 입장을 기록하게 되어 있고, 아울러 주어진 질문에 따라 설득력 있던 주장이나 공감이 되지 않았던 주장 등도 자유롭게 기술한다. 또한 토론에서 아쉬웠던 점도 기술하는데, 이 부분은 나중에 본인이 토론에 참여했을 때 토론의 태도를 다듬는 데 도움이 된다.

학생들은 전체토론에 다양한 역할로 참여하면서, 토론에서 지양해야 할 태도, 지향해야 할 바람직한 태도 등을 배우게 된다. 사실, 지금까지 토론에 참여하지 않는 학생들의 소극적인 참여는

토론수업의 한계를 설명하는 주요한 요인 가운데 하나였다. “수강생의 일부가 실습을 수행하면 나머지 학생들은 그저 구경만 하거나 형식적으로 평가하는 입장에 머물 뿐이기 십상이다. 이러한 상황에서 간단히 말하기나 발표 외에 팀 단위로 수행해야 하는 토의·토론 교육이 효과를 발휘하리라고 볼 수 없음은 물론이다.” (박상준, 2009, p.27) 이런 점을 염두에 두고, 이 수업에서는 토론참여지의 작성을 통해 토론에 직접적으로 참여하지 않는 학생들이 보다 적극적인 자세로 참여할 수 있도록 설계하였다.

이는 교수자에 의해 주입식으로 나열되는 일방적 지식이 아니라, 질문과 대답, 성찰을 통해 스스로 건강한 토론의 태도를 선택하게 한다는 점에서 의미가 있다.

전체토론의 경우, 직접 토론에 직접 참여하지 않고 청중의 입장으로 참여한 학생들은 토론의 과정을 지켜보면서, 각각의 주장에서 설득력이 있는 주장이나 반대로 설득력이 없는 주장을 지적하고, 청중 질의 시간을 통해 궁금했던 점에 대해 질문이나 지지발언, 반론을 제기하기도 한다. 아울러 주어진 토론참여지를 작성하면서 자신의 입장과 생각을 정리하는 시간을 갖게 되는데, 토론참여지에 포함된 내용의 일부는 다음과 같다.

[토론참여지]에 포함된 내용
① 가장 설득력 있었던 주장은 무엇이고, 그 이유는 무엇인가? ② 가장 공감하지 어려웠던 주장은 무엇이고, 그 이유는 무엇인가? ③ [개인적인 찬/반 의견과 무관하게] 더 설득력 있는 토론을 했다고 생각되는 팀은 어떤 팀이고, 그렇게 생각하는 이유는 무엇인가?

④ 토론을 통해 내 생각이 바뀌었는가? 토론을 보면서 갖게 된 생각을 자유롭게 기술하면?
⑤ 대학 수업에서 토론은 필요한가? [오늘 토론을 통해 갖게 된] 토론에 대한 나의 생각은 무엇인가?

토론이 하나의 큰 축을 이루는 수업이지만, 이 토론수업에서는 토론왕을 가리지 않는다. 이는 기존의 토론수업에서 채택한 찬성/반대의 디베이트형 토론이 토론의 진정한 목적을 망각하고, 승패에 몰두하게 한다는 반성에서 비롯된 것이다.

다만, 교수자는 토론이 끝난 후 각각의 주장에 대한 입장을 정리해서 알려주는 동시에 각각의 역할에 대한 느낌과 소감 등을 묻는다. 이 문제가 여전히 계속되는 문제라는 것을, 따라서 토론의 목적이기도 한 열린사회, 민주사회를 위해 부단히 생각하고 고민해야 한다는 것으로 갈음한다.

성급한 결론을 유보하는 것은, 다른 해석의 통로를 열어놓기 위해서이다. 이때 서로의 다름을 인정하는 인문학은 이를 조율할 수 있는 토대가 되어준다. 부단한 성찰을 요청하는 인문학과 함께 병행되는 토론은 인간과 삶, 사회에 대한 깊은 생각으로 이어지게 하고, 소통을 위한 토론의 핵심이 결국 모두의 인간다운 삶에 가닿아야 한다는 것을 이해하게 한다.

토론이라는 것은 서로 다른 생각을 가진 개인이 건강하고 조화로운 '화이부동'(和而不同)의 세상으로 나아갈 수 있도록 서로를 인정하고 조율해가는 태도를 배우는 과정이다. 이러한 태도는 다양한 생각이 소통할 수 있는 건강한 흐름이 될 것이고, 이는 곧 건강한 토론문화와 민주적 사회라는 커다란 흐름으로 이어질 것이다.

4. 토론, 소통의 장(場)

우리의 토론문화는 크게 두 가지, 합리적인 민주시민의 역량을 함양하는 것과 포괄적인 의사소통능력을 제고하는 데 목적을 두고 진행되어 왔다. 이들이 상반되는 가치는 아니지만, 목적에 따라 다른 양상으로 진행되어 왔는데, 인문학 공부와 함께 병행되는 토론 수업은 의사소통능력의 제고에도 도움이 되고, 무엇보다 건강한 토론의 자세와 태도를 배양함에 따라 민주시민의 역량을 함양하는 데도 긍정적으로 기여하게 된다.

이 수업에서는 토론의 목적이 승패를 가리기 위함이 아니라, 서로 다른 생각을 가진 사람들이 모여 생각을 공유하고, 더 나은 방향을 모색하기 위함이라는 점을 분명히 하여, 자기의 입장만 주장하거나 공격성 반박만을 하지 않고, 상대방의 견해를 받아들일 수 있는 태도를 배양하는데 중점을 둔다.

조별토론과 전체토론이 끝난 후에 교수자는 토론의 진행과정과 결과에 대해 정리하는 시간을 갖는다. 이는 수업의 마무리를 위한 코멘트일 수 있지만, 여기에서 강조되는 내용은 서로의 다름을 인정하는 것이 인문학의 출발점이고, 토론은 소통을 위한 하나의 방법이며, 인문학적 사유에 기반한 토론이 보다 열린사회, 민주적 사회로 나아가는 유용한 통로라는 점이다. 이럴 때, 학생들은 비로소 인간과 삶, 공동체의 본질을 되돌아보고, 타인을 인정하는 태도를 배울 수 있다. 소통을 전제로 한 건강한 토론문화의 정착은 갈등과 분열로 고통 받는 우리 사회를 치유하는 한 방법이 될 수 있으리라고 생각한다.

인문학적 기반 위에서 진행된 대학의 토론수업은 무엇을 제공할 수 있고, 이를 통해 학생들은 어떤 태도를 배울 수 있었을까? 소통을 위한 토론수업에 참여한 수강생들의 글은 그 가능성을 보여주는 하나의 해답이다.

1) 무지에 대한 자각과 지식추구의 태도

'갈등'은 "칡과 등나무가 서로 얽히는 것과 같이, 개인이나 집단 사이에 목표나 이해관계가 달라 서로 적대시하거나 충돌"(국립국어원)하는 것을 말한다. '갈등의 시대'라고 말할 수 있을 만큼, 많은 생각과 가치, 언어들이 충돌하는 시대라는 것은 인터넷이나 잡지, 신문을 보아도 충분히 감지할 수 있다.

서로 다른 이념과 종교, 생각은 커다란 차이로 이어지는데, 그 가운데 하나가 바로 표면으로 드러난 갈등이다. 그런데 어떤 갈등은 잘 모르기 때문에 벌어지기도 한다. 지식의 부족에서 비롯된 것이라 할 수 있다. 피상적으로 알고 있거나, 짐작 또는 느낌으로 이해하는 것은 아는 것과 분명히 다르다. 하지만 토론은 한 문제를 다각도로 검토하는 것이기 때문에, 한 주제를 다양한 각도에서 보는 기회를 제공한다는 점에서 의미가 있다.

- 제도적 문제, 인권문제 등 내가 생각하지 못했던 부분에 대해서 듣게 되어 새로웠다. 여러 의견을 들을 수 있어 좀 더 포괄적으로 생각할 수 있어서 좋았다.
- [전체토론은] 조별토론보다 어려웠지만 평소 깊이 알아보지 않았던(관심을 가지지 않았던) 사회적 이슈에 대해 더욱 깊이 이해할 수 있었다.
- 자료를 준비하면서 토론에 임하다보니 [평소에] 별 생각이 없었던 주제에 대해 많은 정보를 알게 되었다.
- 단순하게 생각해서 찬·반의 입장을 가졌는데, 찬성과 반대의 입장을 들으면서 내가 몰랐던 사실을 많이 알게 되었다.
- 나는 난치병 치료를 목적으로 한 인간배아복제에 대해 찬성 입장이었다. 그런데 토론자가 던진 "난치병을 치료하기 인해 인간배아 복제를 했을 때, 만약 배아 속에 난치병을 유발할 수 있다면 어떻게 하실 겁니까?"라는 질문에 깊은 인상을 받았다. 이 질문을 통해 나는 내 입장을 다시 한 번 돌아볼 수 있었다.

토론의 자리는 수강생들이 평소에 깊이 생각하지 않았던 주제에 대해 고민할 뿐만 아니라, 관련된 지식을 얻거나 찾아서 알게 되는 기회를 제공한다. 많은 학생들이 토론 후에 스스로의 생각을 바꾸거나 입장변화를 보이게 된 이유 가운데 하나는 알지 못했던 것을 새롭게 알게 되었기 때문이다. 전체 토론 때마다 약 10%의

학생들이 입장 변화를 표명했는데, 이들은 스스로의 입장을 바꾸게 된 결정적 이유는 몰랐던 사실을 알게 되거나, 미처 알지 못했던 부분을 새롭게 인식했기 때문이라고 밝혔다.

토론은 스스로 가지고 있던 입장이나 태도가 때로 무지에서 비롯되었다는 것을 깨닫는 자각의 기회가 된다는 점에서 중요하다. 청중으로 참여한 학생들이 보여준 생각·입장의 변화는 수강생들에게 토론의 중요성을 각인시키는 유의미한 사례가 되었다. 토론은 내 생각으로 상대방을 굴복시키는 것이 아니라, 다른 생각을 하는 사람의 이야기를 진지하게 경청해야한다는 것을, 때로 내 생각이 옳지 않을 때도 있다는 깊은 깨달음으로 이어지게 된다. 이는 내 생각에 갇혀 상대방의 생각을 폄하하거나 가두지 않고 내 생각과 소통시키는 기회가 된다는 점에서 중요하다.

이는 어떤 사건이나 현상의 일면만 보고 성급하게 판단을 내리던 것에서 보다 신중한 자세로 접근할 수 있는 태도, 그리고 새로운 것을 더 알아보려는 태도로 이어지고, 이러한 태도는 머릿속의 '교훈'이 되는 것이 아니라, 앞으로 수업에 필요한 '실천적 지식'이 된다.

나와 다른 생각을 가진 사람들에 대해 무작정 비판하는 것이 아니라, 왜 그러한 생각을 갖게 되었는지 생각해보는 것도 필요하다. 이런 사유의 과정이 없다면, 내가 가진 입장은 '시'(是)나 '선'(善)이 되기 쉽고, 그럴 때 나와 다른 생각이나 사고를 가진 사람은 자연스럽게 '비'(非) 또는 '악'(惡)이 되기 때문이다. '다른 사고'는 철폐되거나 수정되어야 할 사고로 인식됨에 따라 토론은 곧 의견이 다른 개인이나 집단의 싸움으로 이어질 수 있다. 이는 학생들의 글을 통해 확인할 수 있다.

- 사회의 여러 문제에 대해 원래 관심이 많은 사람도 있지만 이런 계기[토론]를 만들지 않으면 무관심하게 되는 경우도 있다. 인터넷 댓글을 보고 있으면 '우리나라 사람들 생각하는 수준이 이렇구나.' 하고 한숨이 날 때도 있다. … 아는 만큼 보인다고 하는 것이 정말 맞는 것 같다. 같은 사건도 지식에 따라 다르게 볼 수 있다는 것을 알았다. 사회적 이슈가 되는 문제가 당사자들의 문제뿐이 아니라, 우리 모두가 해결해나가야 할 문제가 되었으면 좋겠다.
- 관심 갖지 않았던 문제에 대해 다양한 자료에 대해 듣고 생각하면서 견해가 넓어지진 것 같은 느낌이다.

공적인 성격의 토론은 상대방을 설득하거나, 토론을 관찰하는 제3자에게도 기본적인 지식을 요구한다. 참여 학생들의 글을 통해 알 수 있는 것은, 토론이 자신의 무지를 깨닫고, '스스로' 지식을 추구하는 계기를 제공한다는 점이다. 또한 토론에 참여한 학생들은 각각의 주제에 대해 보다 깊이 연구하는 한편, 상대방의 입장을 진지하게 들음으로써 하나의 사건을 여러 각도에서 생각하는 힘을 기르게 된다. 이는 자신의 무지를 인지하고 모르는 것에 대해 배우려는 적극적인 자세, 상대방을 인정하는 열린 태도로 이어진다.

2) 경청(傾聽, 敬聽)의 태도

공감은 진정한 소통에 필요한 요소이다. 그러나 실제적 토론의 자리에서, 공감은 필수요소도 아니거니와 필요성도 크게 와 닿지 않는다. 무엇보다 의견을 달리하는 상대방의 말에 공감한다는 것은 결코 쉬운 일이 아니다. 그러나 공감에 이르지 못한다 하더라도, 경청은 토론이나 공감에 꼭 필요한 요소이고, 이 수업의 토론에 참여하는 학생들 역시 경청의 중요성을 요청받는다.

토론은 여러 사람이 각각 의견을 말하며 논의하는 것이다. 토론은 '여러' 사람이 참여하는 것이기 때문에 성공적인 토론은 의사소통의 원활함에 달려있다고 해도 과언이 아니다. 토론은 쌍방이 서로 다른 의견을 갖고 있다는 것을 전제로 진행되는데, 상대방의 생각을 확인하고 내 의견을 개진하기 위해서는 무엇보다 잘 듣는 것, 즉 '경청'이 필요하다.

남의 말을 존중의 태도로 들을 수 있는 경청(敬聽)과 귀 기울여 듣는 경청(傾聽)의 중요성을 재삼 언급할 필요는 없을 것이다. 사실 우리 사회에서 '경청'은 주로 상담의 영역에서 주로 다루어져 왔지만, 토론이라는 공적인 자리에서의 경청 또한 홀시할 수 없다. 특히 토론에서는 상대방의 말을 잘 듣고 이해했을 때, 순조롭고 원활한 토론이 될 수 있기 때문에 토론에 참여한 학생들은 자연스럽게 경청의 중요성을 이해하게 된다.

– 개인에 따라 차이가 있겠지만 토론에 참여함으로써 내 의견을 주

장하는 법과 다른 사람의 주장을 듣는 법을 배울 수 있었고 사람들 각자의 생각이 이렇게 다르다는 것을 느낄 수 있었다.

- 토론을 통해 여러 관점의 의견을 들을 수 있었으며, 사람들의 의견을 들으면서 편협한 사고에서 벗어나 다른 관점에서 볼 수 있게 되었다.

잘 들어야 잘 말할 수 있다. 듣기만 하거나, 자기 말만 해서는 소통이 되지 않는다. 따라서 경청하고 말하는 연습이 필요한데, 수강생들은 이 토론을 통해 생각을 표현하는 것, 상대방을 말로 설득하는 것, 다른 사람의 말을 경청하는 것이 어렵다는 것을 '비로소' 체험하게 되었다고 밝혔다. 상대방의 의견을 잘 들어야, 상대방이 주장하는 내용의 핵심을 이해할 수 있고 제대로 대답할 수 있기 때문이다. 이러한 태도는 다른 삶의 태도나 의견을 가진 사람에게도 인간적인 존중과 배려를 할 수 있는, 성숙하고 유연한 삶의 태도를 갖게 하는 데도 도움이 된다.

의견과 가치관을 달리 하는 사람과 함께 이야기를 나눌 기회는 그리 흔하지 않다. 사람들은 주로 가치관이 같은 사람과 함께 하거나, 다른 입장을 가진 사람들이 만났을 때에는 불편함을 야기한다는 이유로 문제가 될 만한 주제를 의도적으로 회피하게 되는데, 이는 경청의 태도와 더욱 멀어지게 되는 결과로 이어질 수 있다.

사유의 대척점에 서 있는 상대방의 의견을 존중하고, 경청한다는 것은 결코 쉬운 일이 아니다. 그러나 쉽지 않다고 포기할 수 있는 것도 아니다. 의견이 다르다고 상대방의 의견을 들어보려는 노력조차 하지 않는 태도는 결국 불통이라는 개인적·사회적 고통으로 이어질 수 있기 때문이다. 이 수업에 참여했던 학생들은 토론이 다른 사람의 의견을 경청할 수 있는 기회가 되었고, 스스로의 생각을 되돌아볼 수 있었다고 밝히기도 했다.

- 토론은 무엇보다 사고의 폭을 넓혀주고 토론을 통해 나와는 다른 생각을 가진 사람들과 서로의 생각을 알아보며 좀 더 좋은 사회를 위해 합의해 나가는 경험을 할 수 있는 좋은 기회라고 생각한다.
- 보통, 사람들은 자신들의 의견만을 생각하고 다른 의견은 묵살하기도 하는데 토론으로 자신의 생각을 좀 더 잘 다듬고 다른 사람의 의견도 들어볼 수 있는 기회가 되었다.
- 토론은 내가 틀렸다고 생각했던 것에 대해, '그럴 수도 있겠다'는 생각의 여지를 남겨주는 것 같다.

토론은 일방의 의견을 주장하는 자리가 아니다. 토론수업에 관한 많은 연구에서 일찍부터 지적되어온 것처럼 토론이 승패가 갈리는 게임처럼 진행되다보면, 토론의 진정한 목적은 망각되고, 승패에만 집착하는 결과를 가져오게 될 것이다. 이는 결과에 이르는 과정이 홀시되는 반작용을 낳게 될 뿐만 아니라, 심한 경우 토론에 대한 회의와 무관심, 혐오까지 이어질 수 있다는 점에서 더욱 위험하다. 토론이라는 공적인 대화의 경험은 그것의 중요성과 의미를 깨닫게 한다는 점에서 유의미하다.

학생들은 토론의 자리에서 경청의 중요성과 더불어, 이해의 다름과 견해의 차이를 배우게 된다. 다름은 삶의 방해요소가 되는 것이 아니라, 개인과 공동체의 삶을 보다 풍요롭게 만들어주는 것임을 배우게 된다는 점에서 의미를 찾을 수 있을 것이다.

3) 성찰과 성숙

토론수업을 통해서 배우는 것이 아니더라도 성찰하는 것은 개인의 삶과 공동체의 삶에 긍정적 변화를 가져온다. "세 사람이 걸어가면 반드시 나의 스승이 있다. 그들 가운데 선한 사람이 있다면 따르고, 불선한 사람이 있다면 [그 모습을 나에게 비추어 보아 선하지 못한 부분을] 고치면 된다"("子曰, 三人行, 必有我師焉, 擇其善者而從之, 其不善者而改之."(『論語』「述而」))는 공자(孔子)의 말, "어진 사람을 보면 그와 같아지기를 생각하고, 어질지 못한 사람을 보면 속으로 스스로를 반성해야 한다."("子曰, 見賢思齊焉, 見不賢而內自省也."(『論語』「里人」))는 『논어』(論語)의 일부는 삶에서의 부단한 성찰을 요구하는 경구(警句)이다. 스스로에 대한 반성과 성찰이 없이는 어떤 것도 변화시킬 수 없기에, 고대의 독서인들은 스스로에 대한 엄격한 요구가 있었다.

하지만 외우고 배워야 할 것이 많은 대학생들에게 스스로를 돌아보는 시간은 낭비와 동일한 의미로 이해되기도 한다. 토론 수업이지만, 토론에 참여한 학생들은 이 토론을 스스로에 대한 성찰의 기회로 삼기도 했다.

- 사람의 생각과 이념, 가치관이 인간에게 행동 변화를 가지고 온다는 것을 더 크게 느꼈다. 때문에 인문학이 얼마나 중요한 것인지를 다시 한 번 생각하게 된 기회였다.
- [토론은] 나의 지식과 신념이 제대로 된 의미가 있는 것인지 고민해보고 마음 속 깊이 박혀 있는 독단과 선입견을 제거할 수 있는 기회가 되었다.

특히 이 글을 작성한 학생들은 토론이나 사회자가 아니라 청중의 입장으로 참여했다는 점에서 많은 시사점을 준다. 진지한 쌍방의 토론을 보면서, 때로 설득력이 없는 토론의 내용을 듣기도 하면서, 단순히 그들을 비판하는 것이 아니라 냉정한 시선을 스스로에게 던져보는 것이다.

토론을 통해 성찰을 경험한 학생들이 말하는 많은 내용 가운데 하나는 '성숙'이다. 당연하다고 생각할 수 있지만, 성숙은 지적인 성장과는 별개의 것이다. 우리가 기술적으로 많은 지식을 익혀서 자격증을 취득하고, 관련분야의 전문가가 된다 하더라도 '많이 안다'고 표현하지, 성숙해졌다고 말하지 않는다. 토론에 참여한 학생들은 스스로 생각이 자라고 깊어졌다고 말하는데, 이는 스스로의 성숙을 확인했다는 긍정적인 표지로 받아들일 수 있을 것이다.

- 생각이 성숙해지는 것을 느낄 수 있기 때문이다.
- 생각의 폭을 넓힐 수 있는 좋은 기회였다.
-토론은 흥미롭고 재미있고, 유익하다. 나를 정신적으로 더욱 성숙

하게 해준다. 더불어 사는 사회생활에서 듣고 주장하고 이해하고 타협하는 중요한 의사소통의 기술을 배울 수 있다.

- 앞으로 사회인이 될 사람(대학생)들이 사회의 문제를 한 번씩 깊게 생각해보고 고민해보는 것도 좋다는 생각이 든다.
- 토론자와 청중으로 참여했는데, 토론주제에 대해 더 많이 공부하게 되고 여러 각도로 생각하게 되었다. 토론은 생각의 소통이라고 생각한다.

이 수업에서 중점을 둔 것은 '소통'을 위한 성숙한 자세의 배양이다. 태도를 몸으로 익히는 것은, 개별지식을 암기하거나 이해하는 것보다 어려울 수밖에 없다. 소통은 그것이 어떠한 종류든, 흐름이 차단될 때 정체되고, 그 정체는 화석화되거나 부패하기 십상이다. 그런데 그 흐름을 지속시키는 동력이 마음이나 생각에서 비롯될 경우, 그것을 차단시키지 않기 위해서는 훈련이 필요하고, 이때 대학 토론수업은 적절한 훈련의 장이 될 수 있다. 사회로 나아갈 준비를 하는 대학생들에게 토론을 통한 '공론의 장'으로의 참여 경험은 자기 자신과 공동체를 돌아보는 보다 의미 있는 기회가 되리라 생각한다.

- 토론을 하는 것은 자신의 생각을 정리해볼 수 있는 좋은 경험이라고 생각한다.
- 관심 갖지 않았던 문제에 대해 다양한 자료에 대해 듣고 생각하면서 견해가 넓어지진 것 같은 느낌이다.
- 토론자와 청중으로 참여했는데, 토론주제에 대해 더 많이 공부하

게 되고 여러 각도로 생각하게 되었다. 토론은 생각의 소통이라고 생각한다.

-토론이란 더 좋은 세상을 만들기 위한 사람들 간의 교류라고 생각한다.

의견의 대립이나 차이에서 발생하는 갈등을 대화로 풀어나갈 수 있다고 본다면, 개인과 사회의 많은 문제들은 토론을 통해서 해결점을 찾아나갈 수 있을 것이다. 학생들은 인문학을 바탕으로 한 토론수업을 통해서 우리 사회가 당면한 '사회적 문제'는 당신들의 이야기가 아닌, 바로 '우리의 이야기'라는 것을 알게 되고, 소통의 진정한 의미와 중요성을 깨닫게 된다. 이는 불통과 불화라는 긴 고통의 터널을 지나는 우리에게 화해와 소통이라는 치유적 결과를 가져다줄 것이다.

5. 통즉불통(通則不痛)

"토론은 하나의 진실을 향해 나아가며 추는 춤이다."

-고은 (tvN: 대학토론배틀)

나와 다른 생각을 갖고 있는 사람들에게 낙인을 찍거나, 폄하하는 태도를 발견하는 것은 결코 어렵지 않다. '어떻게 저런 생각을 할 수 있을까?'라는 말은 나와 다른 생각이나 태도를 가진 사람이

나를 향해 갖는 똑같은 의문이기도 할 것이다. 이러한 태도는 우리 사회의 건강한 흐름을 정체시키고, 더 커다란 물줄기를 이루는 것을 방해한다. 각기 다른 인간이 만들어낸 다채로운 공동체, 건강한 소통을 위해서는 '다름'을 이해하고 인정하는 인문학적 태도가 절실히 요청된다.

소통을 위한 토론은 과연 어떤 것이어야 하는가? 세상은 서로 다른 사람들의 생각과 가치관, 사유방식이 충돌하는 장이다. 토론은 생각을 바꾸라는 폭력의 장이 아니다. 나의 지식이나 말솜씨를 자랑하는 과시의 장은 더더욱 아니다. 토론은 서로 다른 너와 내가 만나 하나의 진실을 향해 나아가는 '화해와 소통의 춤'이다. 우리가 흔히 경험하는 '불통'(不通)은 '나는 옳고 너는 그르다'는 사고에서 비롯되기도 하는데, 이때 내가 옳지 않을 수도 있다는 가능성, 상대방의 말을 들어보려는 시도는 적극적으로 이루어지지 않는다. 결과적으로 불통은 고착화되고 더욱 경직된다.

다른 사람들의 이야기도 들어보는 것, 나와 다른 생각도 기꺼이 들어보려는 태도는 불통의 막힌 물길을 뚫어, 결과적으로 모두가 함께 나아가야 하는 물길의 폭을 넓고 깊게 하는 동력이 될 것이다. 공자(孔子)가 말했던 '화이부동'(和而不同)은 결코 멀리 있지 않다. '말 잘하는 사람'이 대접받는 사회라고 하지만 말을 잘 한다는 것은 타고난 솜씨보다는 적절하게 말할 줄 아는 능력, 상대방을 고려할 줄 아는 태도, 해야 할 말과 하지 말아야 할 말을 가릴 줄 아는 능력을 모두 포함한다. 이러한 것은 기술적인 능력의 향상만으로 도달하기 어렵다. 인문학적 소양이 절실하게 필요한 부분이다.

나와 다른 생각을 하는 사람들을 이해하고 인정하며, 한걸음 더 나아가 왜 그러한 생각을 하게 되었는지 그들의 입장에서 문제를 바라보는 입장을 한 번이라도 취해보는 경험은, 극단적이고 경직된 사고를 유보하고 다른 가능성을 생각해본다는 점에서 소통으로 나아가는 통로가 되리라 생각한다. 이는 각자 다르지만 조화롭게 나아갈 수 있는 길, '화이부동'(和而不同)으로의 길을 제시할 것으로 생각된다. 자유로운 개인들이 모여 경험한 공적인 토론의 참여 경험은 소통의 중요성을 체득하는 중요한 경험이 될 것이다.

『동의보감』(東醫寶鑑)에서는 '불통즉통'(不通則痛)의 해답으로 '통즉불통'(通則不痛)을 제시한다. 막혔던 것이 통하면 그곳에는 새로운 생명이 싹튼다. 이해와 합의가 아닌, 말싸움과 궤변으로 병들었던 토론의 자리는 치유되고, 건강한 토론은 그간 불통으로 빚어진 오명들, 즉 '불통공화국', '갈등공화국' 등 막힌 흐름을 소통시키는 건강한 흐름이 될 것이다.

참고문헌

송호근, 「공론장의 역사적 형성과정: 왜 우리는 不通社會인가?」, 한국언론학회, 『한국언론학회 심포지움 및 세미나』(2011-5), 2011

박상준, 「대학 토론교육의 문제와 해결방안 시론 : 토론교육의 목적을 중심으로」, 한국어문학회, 『어문학』(104), 2009

「살인 부른 保革논쟁, '합리적 토론 문화' 아쉽다」, 『세계일보』(2013/7/17)

(동영상) tvN "2013년 제4차 대학토론배틀"

※ (이 글은 필자의 논문 「소통을 위한 인문학적 토대의 토론 교육」(『中國語文學論集』(제90호), 2015)를 수정 · 보완한 글이다)

노인 재활환자 대상 인문치료 : 정서적 안정과 삶의 질 향상을 중심으로

유 건 상

1. 들어가며

우리나라는 급격한 출생률의 감소와 의료기술의 발달로 인한 평균수명의 연장으로 빠르게 고령화가 진행되고 있다. 2013년 세계보건기구(WHO)에 따르면, 2011년 출생아 기준 한국인의 기대수명은 평균 81세로 나타났다. 이는 경제협력개발기구(OECD) 국가 중 12번째로, 독일・그리스・네덜란드・핀란드와 같다. 그러나 기대수명의 증가는 '질병과의 싸움'과 불가분의 관계에 있다. 기대수명은 늘어 가지만 노년의 삶의 질을 떨어뜨리는 질병들로 인해 대부분의 노인들은 고통 받고 있기 때문이다.

일반적으로 노인들은 건강의 상실 이외에도 청・장년기에 가지고 있던 경제력, 자신감 등도 함께 상실하게 된다. 그들은 현실적 역할이 감소되고 자신들이 필요한 영역이 축소됨에 따라 자아 개념이 낮아져 우울증을 겪기도 하고 노화에 따른 상실이나 인지력에 대한 불안감을 갖게 되기도 한다. 그 결과 지속적인 불안 혹은 공허감, 수면장애, 식욕과 체중감소, 흥미로운 활동에 대한 관심의 상실, 초조함과 짜증, 만성적인 아픔과 소화 장애, 주의집중과 기억력 장애, 피곤함, 죄책감, 절망감 혹은 무가치감, 죽음 혹은 자살 충동 등의 노년기 우울의 기본 증상이 나타내기도 한다. 이러한 증상들은 치매로 발전할 수 있기 때문에 적절한 치료나 예방이 필수적이다(최애나 외, 2010: 103-105). 이처럼 노인의 정서문제는 신체적 질병 못지않게 치료에서 반드시 다루어야 할 중요한 부분으로, 그 해결책의 하나로 정서적 지지와 관심을 들 수 있다. 그들에게 지지와 관심을 표명하고 계속해서 정신활동을 하도록 유도함으로써 기능적인 면뿐 아니라 전체적인 삶의 질을 향상시킬 수 있다는 것이다(정현주, 2009: 203).

1980년 중반 이후 감정과 건강의 관계에 대한 연구가 증가하면서 치료를 위한 글쓰기의 긍정적 효과가 점차 입증되고 있다. 페니베이커(James W. Pennebaker)와 스미스(J. Smyth) 등의 심리학자들과 문학치료사, 그리고 저널치료사들은 감정표현 글쓰기가 면역체계에 영향을 미쳐 정신적·육체적 건강의 증진을 가져온다고 주장한다. 분노와 슬픔 같은 감정들은 표출되지 않을 때, 증후(症候)로 형성되어질 수도 있는데, 글쓰기와 읽기 과정은 잠재적으로 폭발적인 심리 에너지가 분출될 수 있는 안전한 배출구를 제공함으로써 심리적·정신적 균형을 회복시켜준다는 것이다(Heninger, 1978: 56).

이처럼 적절한 감정의 표출은 정신적 건강뿐 아니라 육체적 건강도 증진시킨다. 페니베이커의 임상결과에 의하면, 심리적 외상(트라우마, trauma) 경험에 대한 표현적 글쓰기는 육체적·정신적 건강에 긍정적인 영향을 미친다. 그것은 사람들의 수면습관, 일의 효율, 그리고 대인관계뿐 아니라, 면역기능의 향상에도 긍정적인 변화를 가져와 병원을 찾는 빈도수를 급감시킨다. 심리적 외상 경험을 비밀로 간직했던 사람들은 이를 글로 써서 털어놓은 사람보다 거의 40% 이상 의사를 찾아갔다고 한다. 아울러 표현적 글쓰기가 천식환자들의 심폐기능 항진과 관절염 환자들의 통증완화에 기여한다는 연구결과는 글쓰기의 치료적 효과를 단적으로 보여준다(2004: 3-8).

이러한 표현적 글쓰기에는 소설이나 시 등의 창의적 글쓰기가 포함된다. 폭스(John Fox)는 시 쓰기가 상실과 슬픔의 자연 치료제라고 말한다. "육체와 영혼 속에 있는 감정의 우물에서 끌어올린 시어들이 일상을 견뎌내도록 도와줄 수 있기 때문이다"(1997: 180). "시 쓰기는 각 개인이 자신을 표현하고 조각조각난 생각과 느낌에 대한 통제력을 가지는 수단을 제공하는 매우 유용한 치유적 도구가 될 수 있다. 개인적인 감정을 적기 시작함으로써 개인은 그러한 감정들을 더 조리 있는 형태로 확인하기 시작한다. 그것의 결과로 통제감을 증진시키는 것이다"(2003: 26)라는 마자(Nicholas Mazza)의 언급도 시 쓰기의 치료적 효과를 보여준다.

그러므로 치유적 시 쓰기의 목적은 개인의 변화라고 볼 수 있다. 그 결과 내재된 갈등을 해소하는 능력과 적응기능이 향상되는 것이다. 라이터(Sherry Reiter)는 시치료의 구체적인 목적을 "1) 생생한 이미지와 개념, 그리고 그것들이 불러일으키는 느낌에 반응하는 능력을 개발한다, 2)자기이해와 정확한 자기인식을 증진시킨다, 3)대인관계의 깨달음을 가져온다, 4)현실을 직시하게 한다, 5)창조성, 자기표현, 그리고 자부심을 개발한다, 6)긍정적인 사고와 창조적인 문제해결 능력을 키운다, 7)의사소통 능력, 특히 듣기와 말하기 기술을 강화한다, 8)다양한 자아의 양상을 통합하여 심리적 강건함을 가져온다, 9)억압하는 감정을 토로함으로써 긴장을 완화시킨다, 10)새로운 아이디어, 직관 등을 통해 새로운 의미를 발견한다, 11)자유롭고 풍요로운 미의 가치를 경험함으로써 삶의 질을 향상시킨다"(1997: 170-71) 등으로 설명한다.

본고는 노인 재활환자 3명에 대한 글쓰기 중심의 인문치료 적용 사례보고서이다. 그들은 발병 후 4~17년째 투병중이며, 질병으로 인해 자신감을 상실하고 무기력하고 우울한 상태이다. 본 프로그램의 치료방법은 노인 재활환자들에게 시 감상 및 창작 중심에 미술활동을 보조적으로 활용한 인문치료를 실시하여 정서적 안정을 증진하고 삶의 질을 향상시키는 것이다. 시를 읽거나 쓰고 그림을 그리는 과정을 통해 과거를 회고하고 내적 상처에 대해 표현하고 억눌려있던 갈등이나 분노 등을 분출시켜 문제의 진행을 예방한다. 따라서 본 연구는 노인 재활환자의 정서적 안정과 삶의 질 향상에 초점을 맞춘 인문치료를 통해 그 방법을 모색해 보고, 인문치료의 노인 재활환자에 대한 임상사례가 미흡한 임상현장에 기초자료를 제공함으로서 인문치료의 활용가능성을 살펴보고자 한다.

2. 연구방법

1) 연구대상 및 진단

본 연구는 D시에 소재한 모(某)재활병원에서 2011년 4월부터 2011년 6월까지 회기마다 1시간, 주 1회로 총 8회 실시하였다. 연구대상은 연구자가 이 병원에 입원중인 환자를 대상으로 진행한 "행복한 삶을 위한 인문치료"에 참석한 남성 노인 재활환자 3명이다. 상담 결과, 그들은 모두 자존감은 낮지만 소통과 인지에는 문제가 없었다. 다만 오랜 투병으로 자신감이 상실되고 우울하다보니 표현하고 소통하고자 하는 의지는 약했다. 그들의 개요는 〈표 1〉과 같다.

〈표 1〉 연구대상자의 개요

대상	질환/상태	주용 상담 내용 및 특성
A(M/72)	뇌일혈, 좌측편마비	독거, 자신감과 의욕상실, 우울
B(M/64)	불완전 사지마비	자신에 대한 실망감, 무기력, 의욕상실, 우울
C(M/66)	뇌졸중, 좌측 편마비	분노조절이 힘듬, 가족과의 불화, 우울

2) 연구 및 진단 도구

(1) 동적 집 · 나무 · 사람(Kinetic-House, Tree, Person: KHTP) 그림검사

본 연구에서는 번즈(R. C. Burns)가 상호작용이 나타나지 않는 HTP(집・나무・사람 그림검사)에 역동성을 보완하여 발전시킨 KHTP 기법을 사용하였다. 이 검사에서, 집은 내담자의 자아상이 투사되어 그의 성격이나 정서에 영향을 주었을 가정환경을 파악하는데 용이하며 개인생활의 물리적 측면을 반영한다. 나무는 내담자의 기본적인 자아상을 나타내어 그의 깊고 무의식적인 감정과 성숙도, 그리고 정서적으로 혼란스러운 특징들을 파악하기에 용이하며 그의 개인적 변화과정을 반영해준다. 사람은 자기 신체 이미지와 자아개념에 대해서 의식적으로 느끼는 바를 파악하는데 용이하며, 나무와 상호작용함으로써 내담자 자신이나 자아기능을 더 많이 반영해 줄 수 있다. 이러한 각각의 요소들을 한 장에 그림으로써 그림의 전체적인 평가, 형식적 분석, 내용분석을 통해 내담자의 특성을 파악하는데 용이하다. 따라서 집, 나무, 사람의 상호작용 및 관계는 그리는 사람에 의해서 표출되는 시각적 은유를 반영해주며 언어의 한계에서 벗어난 자유로운 표현이 가능하게 한다(김동연 외, 2006: 143-49).

본 연구에서는 내담자들의 내면 변화를 살펴보고자 KHTP 그림검사 시의 태도, 위치와 순서, 세부묘사 등을 중심으로 변화를 고찰한다.

3) 인문치료 프로그램

본 프로그램을 구성하면서 고려한 것은 내담자의 육체적 기능의 정도와 연령대였다. 우선, 내용면에서 그들이 뇌졸중 등의 후유증으로 투병중인 재활환자들이므로 전반적인 질환 정도에 따라 읽기와 쓰기, 말하기와 그리기를 적절히 안배하였다. 시의 선정도 노년의 내담자 세대에게 익숙한 시들로 하였으며, 그들의 상황과 유사하되 긍정적인 결말을 지닌 것들로 하였다. 우울한 내담자들은 희망적이고 낙관적인 주제를 지니되, 슬프고 우울한 분위기의 시에 도움을 받기 때문이다(Leedy, 1985: 82).

주제 면에서는 지나간 삶 회고하기나 소중한 사람에게 편지쓰기 등을 선택했다. 노년층을 위한 프로그램에서 이야기하기와 회상하기, 편지쓰기 기법 등이 효과가 있기 때문이다(Reiter, 1994: 144). 에릭슨(E. N. Erickson)과 버틀러(R. N. Butler)는 노년기가 사람들에게 죽음과 직면하게 하고 자신들의 삶을 회고하게 만든다고 한다. 그러한 회고를 통해 사람들은 자신의 과거를 다시 기억하고 재경험하며 회한이나 상처와 화해하려고 시도하게 된다. 삶을 성공적으로 회고하고 과거 경험과 화해한 사람들은 그렇지 못한 사람들보다 개인의 성장과 삶의 질이 향상되는 것을 경험한다(Tores 외, 2008: 169-180). 인문치료의 방법론 중의 하나인 문학치료는 과거의 고통스런 경험과 감정의 응어리를 풀고 지난 삶에서 새로운 의미를 찾게 해줌으로써 현재의 삶을 긍정적으로 수용할 수 있게 도와준다. 잘 살아온 생애를 점검하는 가장 좋은 방법 중 하나는 일생을 통해 되풀이하여 이야기하고 또 하고, 기억되고 다시 기억 속에서 경험되는 이야기들, 추억들이다(이봉희, 2013: 44).

마지막으로 미술활동의 재료 면에서는 빠르고 섬세한 손동작을 요구하는 것보다는 따듯한 느낌을 주고 유년시절을 회상하는 매개가 될 수 있는 크레파스나 클레이 등 손쉽게 손동작을 유도할 수 있는 재료를 사용하였다. 본 프로그램에 미술을 보조적으로 활용한 이유는 미술이 비언어적 의사소통방식이므로 말이 좀 어눌하여도 내담자의 생각과 느낌을 치료자가 깊이 있게 파악하도록 돕고(주리애, 2010: 18-19), 장애인들에게 자신의 몸이나 세계에 대한 혼란스러운 느낌을 '상세하게 나타내는' 방법을 마련해주기 때문이다. 이를 통해 장애에 대한 자신의 감정을 이해할 수 있게 된다(Rubin, 2006: 344).

본 프로그램은 8회기로, 초기(1-2회기), 중기(3-6회기), 종결기(7-8회기)의 3단계로 구성하였다. 초기는 친밀감 형성 및 긴장완화를, 중기는 자기탐색과 현실수용 및 긍정적 사고 확립을 목표로 하였다. 종결기는 긍정적 경험을 통해 자신감을 회복하고 우울감을 감소시켜 행복한 미래를 계획함을 목표로 하였다. 각 회기의 전반적인 프로그램 구성은 다음과 같다.

〈표 2〉 시와 미술을 이용한 인문치료 프로그램

단계	회기	회기별 목표	주요활동 내용
신뢰 형성	1	프로그램 소개 및 사전검사	- 소개와 소망, 현재의 느낌 나누기 - 사전검사
	2	긴장해소와 친밀감 형성	- 낙서기법 - 협동화 그리기와 나눔

자기 이해 및 탐색	3	의미 있던 시기를 추억하고 현재를 되돌아 봄	- 연작동화 만들기 - 내 삶의 파노라마 그리기 - 시쓰기
	4	가족/친척관계에서 내 모습 통찰하기	- 시 감상과 나눔 - 손바닥 그리기 - 편지 쓰기
	5	나의 장점 키우기	- 고통의 문을 지난 작가의 글 읽고 감상 나누기 - 내가 감사해야 할 것 찾아보기
	6	긍정적인 사고방식으로 살아가기	- 걱정거리 던져버리기 - "걱정은 이제 그만"에 대한 개인시와 협동시 짓기
수용	7	나의 미래 그려보기	- 나의 꿈 명상하기 - 콜라주와 시쓰기
	8	프로그램 마무리 및 사후검사	- 프로그램 정리 - 사후검사

3. 연구결과

1) 회기별 변화

(1) 초기단계 : 1-2회기

초기단계에서는 신뢰감 형성을 위해 소개와 소망, 현재의 느낌 나누기, 닉네임 짓기, 낙서와 협동화 그리기를 하였다. 닉네임은 자신의 특징이나 정체성을 가장 잘 나타낼 수 있는 상징으로, A는 닉네임을 '호랑이'라 지었다. 이는 그의 평소 별명으로, 그의 강한 이미지와 닮았다. B는 '노인'이라 지었는데, 이는 젊은 시절부터 흰머리가 많아 생긴 별명이라며 자신을 잘 나타내주어 마음에 든다고 하였다. C의 별칭은 '멋쟁이'로, 초등학교 때 용감하게 예방주사를 잘 맞는다고 담임선생님이 지어준 별명이라고 한다. 멋쟁이처럼 살고 싶은 소망에서 그 별칭을 사용하기로 했다고 한다.

협동화는 눈을 감고 명상 음악을 들으면서 손을 허공에 대고 마음이 흐르는 대로 낙서를 하고, 각자 자신의 낙서에서 이미지를 찾아 채색하여 오린 후 내담자들과 상의하여 이미지들을 배치하고 더 필요한 것을 그려 넣어 하나의 그림으로 완성하기로 진행되었다. 낙서는 내담자들의 경직된 면을 자유롭게 하고 내면의 감정을 표출시키기 위해 사용하였다. B는 음악을 들으니 바다가 생각난다며 파도를 그렸다. C는 아내와의 첫 데이트가 생각난다며, 그 때의 행복하고도 강렬한 느낌을 회오리바람으로 형상화하였다. 제목은 모두의 동의하에, "봄나들이"로 정하였다(그림 1).

〈그림 1〉 협동화

(2) 중기단계 : 3-6회기

중기단계에서는 내담자의 감정이 표출된 작품을 통해 내면을 탐색함으로써 자신을 인식하고 현실수용 및 긍정적 사고를 확립하는데 주력하였다. 이 단계에서는 내 삶의 파노라마 그리기, 소중한 사람에게 편지쓰기, 내가 가진 감사한 것들 적어보기, 협동시 쓰기를 하였다.

내 삶의 파노라마 그리기는 명상음악을 들으며 떠오른 내용을 그림으로 그려봄으로써 내 삶의 의미 있던 시기를 추억하고 현재를 되돌아보는 시간이다. A는 오랜 침묵 후에, 고층 빌딩이 있는 그림을 그렸다(그림 2). 그는 젊은 나이에 아내와 사별하고 경제적으로도 너무 힘이 들어 6살, 3살의 어린 남매를 네덜란드에 입양시켰다고 하였다. 그 곳은 부유한 나라라 아이들이 고생도 안하고 훌륭한 교육도 받을 수 있을 것 같아서였다. 나중에 아들과 연락이 닿아 딸이 10대에 병으로 죽었다는 소식을 들었다고 한다. 아들에게 미워서 버린 것이 아니라고 용서를 구했고, 아들도 이해해 주었다고 하였다. 다만 아들과 멀리 떨어져 있다 보니 친밀한 관계는 아니라고 하였다.

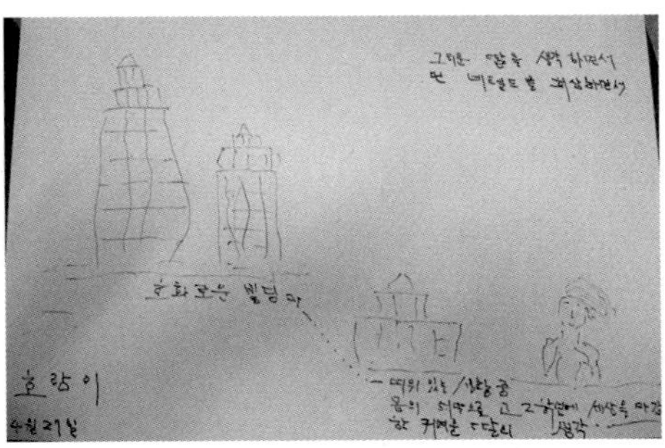

〈그림 2〉

B는 〈봄의 풍경〉이란 제목으로 산과 강, 그리고 꽃이 어우러진 그림을 그렸다(그림 3). 예전에 가족과 드라이브 갔을 때 보았던 풍경으로, 얼른 나아서 그 길을 다시 걷고 싶다고 하였다.

〈그림 3〉

소중한 사람에게 편지쓰기는 가족의 소중함을 인식하고 가족관계에서 내 모습을 통찰하는 시간이다. 진행은 관계의 소중함을 노래한 윤수천의 시 「바람 부는 날의 풀」 감상으로 시작하였다. 시에 대한 감상으로는 "서로 도와주는 삶"에 대해 생각했다는 반응이 많았다. 나눔 후, 어려울 때 도움을 청할 누군가가 연상되는지 쓰고, 그 중 한 사람에게 편지쓰기를 하였다. 대부분의 참여자들은 가족에게 편지를 썼지만, 홀로 사는 A는 하느님께 "늘 반성하고 뉘우치며 살고 있다"고 편지를 썼다. 무엇을 반성하고 뉘우치는 가에 대해서는 이야기하지 않았지만 충분히 짐작할 수 있었다. C는 젊었을 때 지금은 돌아가신 부모님께 경제적 뒷받침을 해주지 못한 것에 대해 원망과 반항만 한 것이 후회된다며 다음과 같은 편지를 썼다.

> ・・・어머니, 크게 외쳐 보고 싶습니다.
> 더 크게 불러보고 싶습니다.
> 아버지, 당신은 언제나 꼭 안아보고 싶습니다.
> 이제는 아득히 먼 곳에 계신 당신,
> 아버지는 지금 이 아이를 어떻게 기억하고 계실지...

내가 가진 감사한 것들 찾아보기는 장영희의 「살아온 기적, 살아갈 기적」을 활용하였다. 에세이를 읽고 나눔을 하였는데 "병을 극복한 저자가 대단하다, 감동적이다, 병을 앓기 전과 후의 작가의 생각이 다른 것 같다, 지금 나의 상황이 힘들지만 감사하다" 등의 반응이 나왔다. A는 "나를 세상에 태어나게 해주신 하느님과 부모님, 용기를 주는 아들과 의사"가 있어 감사하며, "희망을 잃지 않는 자신" 또한 감사하다고 하였다. B는 "감사하는 마음"이란 제목으로 "처음 발병했을 때는/ 다들 일어나지 못한다고 하여/ 무척 괴로웠습니다./ …지금 이나마 걷는 것도/ 무척 감사하게 생각합니다."라는 시를 썼다.

"걱정은 이제 그만"에 대한 협동시 쓰기는 긍정적인 사고방식을 유도하는 시간으로 김은자의 「근심의 별에게」를 활용하였다. 시 감상 후, 현재 자신을 짓누르는 걱정거리에 대해 생각해 보고 "걱정은 이제 그만"이란 주제로 시를 쓴다. A는 "걱정은 모든 일에 태클을 건다./ …(중략)…/ 걱정은 마음의 평화를 파괴하는 태풍이다"라고 적었다. 나눔 후, 각자 본인의 시 중 마음에 드는 부분이나 행을 찾아 오려서 구성원들과의 상의 하에 시행의 순서를 정하고, 도화지 위에 붙여 협동시를 완성하였다. 다음은 협동시 전문이고, 7행이 A의 것이다.

> 살아있다는 것만으로도
>
> 살아있다는 것만으로
> 걱정하지 말기로 하자.
>
> 세상 살면서 중요한 것은
> 내 생각 보다는
> 이웃을 생각하면서
> 한 마음이 되어서 즐겁게 사는 것이다.
>
> 걱정은 마음의 평화를 파괴하는 태풍이다.
> 집으로 가겠다.

협동시 중 마음에 들었던 어휘나 시행은 무엇인지 각자 이야기하고 회기를 종료하였는데, 모두 "살아있다는 것만으로도"가 좋다고 하여 제목도 그리 정했다.

(3) 종결단계 : 7-8회기

종결단계에서는 나의 꿈 그려보기와 "인문치료를 마치며"란 글쓰기를 하였다. 나의 꿈 그려보기는 현 시점에서 나의 미래를 계획해 보는 시간으로, 그 전단계로 어릴 적 꿈에 대한 나눔을 하였다. A는 사회 정의를 실천하는 법률가가 꿈이었으나 이루지 못하였다고 하였다. B는 한 때 운전사가 되고 싶었고, 결국 자가용을 몰다 사고가 났으니 꿈을 이룬 셈이라고 하였다. C는 선생님이 되고 싶었으나 집안 형편이 어려워 대학진학을 하지 못하여 이루지 못했다고 하였다. 어린 시절의 꿈 나눔 후, 각자 꿈꾸는 미래의 모습을 명상하고 이를 토대로 콜라주를 하였다. A는 대자연에 위치한 전통 가옥에서 여생을 건강하게 보내고 싶다며 전통 가옥과 젊은이들로 콜라주를 완성하였는데, 젊은이들을 장식한 이유는 건강하던 과거가 생각나기도 하고 부러워서라고 하였다(그림 4). 그렇지만 현재 건강이 호조되고 있으므로 만족한다고 하였다.

〈그림 4〉

B는 본인이 직접 운전하여 손자 손녀들과 여행이나 다니며 즐겁게 살고 싶다며 자동차와 아이들, 그리고 강가에 서 있는 남자로 콜라주를 장식하였다(그림 5).

〈그림 5〉

C는 조금이나마 남을 위해 봉사하는 삶을 살고 싶다며 선생님과 학생들이 수업하는 내용을 콜라주하고 싶었으나, 적절한 그림 자료도 없고 손도 불편하여 여러 가지 그림을 오려 장식하기도 힘들어 다음과 같은 옛 그림 한 장을 오려 대신한다고 하였다(그림 6). 훈장과 학생들이 공부하는 옛 서당의 모습으로 보아달라고 하였다.

〈그림 6〉

그는 "며칠 전이 어머님 기일이었는데 큰댁에도 못가고 너무 속상

해서 아내에게 전화를 해서 안 좋은 이야기를 했는데, 발병 이후 싫은 소리 한마디 안하던 아내가 뭐라고 했다. 아내에게 미안하기도 하고... 아내의 얼굴과 어머님의 얼굴이 한순간 겹쳐 보였다. 병이 나으면 그림 속의 사람들처럼 욕심과 미움 등을 훨훨 던져버리고 남을 도우며 살고 싶다."고 하였다. 불편한 관계인 가족과 화해하고 채무를 이행하지 않는 지인도 다 잊고 용서하고, 아프리카에서 가난한 자들을 위해 봉사했던 고(故)이태석 신부님처럼 살고 싶다고 하였다.

회기 마지막 날, "인문치료를 마치며"란 제목으로 소감 및 앞으로의 각오에 대한 글쓰기를 하였다. A는 인문치료를 통해 "오랜 기간 병원에 있다 보니 현실감이 없었는데 현실에 적응할 수 있게 되었고, 인생의 종점에 와있는 자신의 삶을 되돌아 볼 수 있게 되었다."고 하였다. 아들과도 관계도 다시금 생각하게 되었다며 앞으로 더 좋은 관계를 유지하고 싶다고 하였다. B는 "처음에는 이 시간이 무슨 도움이 되겠어하는 마음으로 참석하였는데 점차 마음을 나누는 이 시간이 많은 위로가 되었다. 앞으로 재활치료 열심히 하고 삶의 고통도 이겨내서 자녀들과 행복하게 사는 내 꿈이 이루어지도록 노력하겠다."고 하였다. C는 "긴 병원생활에 좋은 시간을 만나 즐거웠다. 발병 10년이 넘다보니 포기하고 싶은 적도 많았지만, 이 시간을 통해 자성의 시간을 갖게 되면서 감사한 마음을 갖게 되었다. 앞으로 건강이 회복되면 나보다 더 힘든 사람들을 도와주며 살고 싶다."고 하였다.

2) 사전 · 사후검사 결과

(1) KHTP(동적 집 · 나무 · 사람 그림검사)

동적 집 · 나무 · 사람(KHTP) 검사는 내담자가 나타내지 않은 역동성과 내면의 세계를 시각적으로 파악하고 피드백의 자료로 활용하기 위하여 실시한 것으로써, 내담자들의 인문치료 전과 후의 변화를 비교한 결과는 〈표 3〉과 같다.

사전검사 시, 참여자들은 그림 그려본 지가 오래되었다고 난감해 하다가 남이 어떻게 그리나 보기도 하고, 옆 사람과 이야기도 나누며 그리기 시작하였다. A는 사전검사 시, 사람과 집, 나무 순서로 그림을 그렸다. 여자는 여름에 개울가에서 빨래하시던 돌아가신 어머니라고 하였다. 사후검사 시는 앞서의 경험 때문인지 모두들 스스럼없이 그렸는데 A 역시 마찬가지였다. 그는 사후검사에서 "산골의 외로운 초가집"이란 제목으로 초가집과 나목(裸木), 그리고 외로운 할머니를 그렸다(〈표 3〉의 그림 A). 외로운 할머니는 노년에 홀로 살고 있는 자신이며, 나무에 잎이 없는 것은 자신이 현재 인생의 사계 중 겨울에 해당되기 때문이라고 했다. 사전에 돌아가신 어머니를 그린데 반해 사후에는 현재의 자신을 그린 것은 긍정적인 변화이다. 죽은 사람을 먼저 그리는 것은 내담자가 죽은 사람에 사로잡혀 있다는 것을 반영하기 때문이다(김동연 외, 2006: 205).

B는 사전에는 초가집과 나무, 그 옆에 소년 하나를 그렸다. 홀로 있는 소년은 부모님이 일하시는 동안, 늘 혼자 놀던 외로운 자

신이라고 하였다. 그림은 약간 상층부에 위치하는데, 이는 자신의 존재의 불확실함, 부유감 등을 상징하며, 타인의 접근을 어렵게 함을 의미한다(김동연 외, 2006: 19). 그의 사후그림에는 집과 나무, 사람 외에도 도로와 냇가 등이 세밀하게 묘사되었다(〈표 3〉의 그림 B). 논둑에 앉은 남자는 퇴원 후의 본인으로, 앞에는 자신이 농사짓는 밭을 묘사하였다. 그림의 세부묘사가 확연하게 늘고 스토리가 풍부하게 생성되었음을 알 수 있다.

C는 사전에 문이 여러 개 있는 기와집, 잎이 하나의 꽃처럼 묘사된 나무, 다른 사물에 비해 상대적으로 크기가 큰 남자를 그렸다. 이 남자는 발병 전, 새로운 사업을 할 꿈에 젖어 있던 자신의 모습이라고 한다. 그는 남자를 처음에 작게 그렸다가 지우고 다시 크게 그렸는데, 레빈슨(Lewinsohn)에 의하면 인물상의 크기는 우울한 기분과 역상관관계를 의미한다(김동연 외, 2006: 17에서 재인용). 사후 그림은 현재의 자신을 묘사한 것이라는데, 집과 나무와 사람이 하나의 풍경화처럼 묘사되었다(〈표 3〉의 그림 C). 사전보다 필압도 약해지고 묘사도 심플하지만 사전의 집・사람・나무가 서로 연관성 없이 별개로 존재하며 사람의 동체비율이나 크기가 다른 사물과 불균형하게 묘사된 반면, 사후의 그것은 서로 잘 어우러져 묘사되었다. 사람은 형태만 묘사되어있지만 크기도 주변 사물들과 잘 맞는 등 주변 풍경 속에 잘 녹아들어 있다. 홀로 집 앞의 텃밭을 가꾸고 있는 사람은 아내로, 얼른 나아서 같이 텃밭을 가꾸고 싶다고 하였다. 이처럼 그가 사전에는 과거의 자신을 묘사했지만, 사후에는 현재의 아내를 묘사했다는 것도 현재 유일

하게 곁을 지켜주고 있는 아내에 대한 미안함과 고마움의 표현으로 볼 수 있으므로 긍정적으로 풀이된다.

이처럼 내담자들의 동적 집 · 나무 · 사람 그림검사 결과, 세부묘사와 동체의 균형 증가, 성장의 가능성 증가, 주변과의 능동적인 접촉 증가가 드러나는 등 인문치료가 노인 재활환자의 자기표현과 자신감 회복에 유의미한 효과를 내었고, 그 결과 정서적 안정에도 긍정적인 효과를 미쳤음을 알 수 있다.

〈표 3〉 KHTP 사전 · 사후 그림검사 비교

대상	사전검사	사후검사
A		
B		
C		

4. 나오며

본고는 노인 재활환자의 정서적 안정 및 삶의 질 향상을 위한 시 감상 및 창작 중심에 미술활동을 보조적으로 활용한 인문치료 사례보고서이다. 본 연구의 대상은 D시에 입원 치료중인 6~70대 남성 노인 재활환자 3명으로, 그들은 발병 후 수년째 투병중이다. 그들은 긴 투병으로 인해 자신감을 상실하고 정서적으로 무기력하며 우울한 상태이다. 연구자는 2011년 4월부터 6월까지 주 1회, 1시간씩 총 8회기 동안 그들의 정서적 안정과 삶의 질 향상에 초점을 둔 인문치료를 실시함으로써 그들이 남은 삶을 정서적으로 보다 건강하고 안정되게 살아가는데 도움을 주고자 하였다.

연구자는 총 8회기의 인문치료 프로그램을 진행하면서 내담자들의 표정이 밝아지고, 회기 중의 태도도 적극적으로 바뀌는 것을 관찰할 수 있었다. 처음에는 연구자가 질문을 하거나 반응을 유도해야만 답변을 하고 의견을 냈지만, 점차 자신들의 글이나 그림을 스스럼없이 설명하고 동료들과의 나눔에도 적극적으로 참여하는 등 자기표현이 증진되고 자신감도 향상되었다. 시나 글, 그림에서도 드러났듯이 A는 자녀들에 대한 죄책감과 독거의 외로움에 지친 노인에서 지나온 삶을 반추하고 아들과의 관계회복을 적극적으로 소망하는 사람으로 변화하였다. B는 예전과 다른 몸 상태를 비관하기보다는 이를 받아들이고 조금이나마 걷게 된 것에 감사하면서 자녀들과의 행복한 노후를 꿈꾸게 되었다. C는 가족에 대한 서운함보다는 아내에 대한 고마움을 깨닫고, 힘든 이웃을 돌보고 싶은 소망을 갖게 되었다.

이러한 변화는 노인 재활환자들이 치료적 시 읽기와 쓰기, 그리고 미술 활동에 참여하여 긍정적이고 창조적인 노력에 개입되는 동안 감정배출을 하고 자기 탐색과 통찰을 거친 결과로 볼 수 있다. 다시 말해 그들은 인문치료를 통해 지난 삶을 회고하고 상처를 극복하고 화해하며, 삶의 의미와 희망을 발견하게 된 것이다. 이제 그들은 현실을 수용하고 극복하여 재활의지를 강화하고, 미래에 대한 두려움을 감소시켜 구체적 계획을 수립하며, 건강한 자기 관리 및 긍정적 사고를 확립하게 되었다. 그러므로 인문치료를 통해 그들의 정서적 안정이 증진되고 삶의 질이 향상되었다고 볼 수 있을 것이다.

참고문헌

김동연 외. 『HTP와 KHTP 심리진단법』. 대구: 동아문화사, 2006.

이봉희:「취약계층, 무학, 독거노인 대상 문학치료 사례 - 내 삶의 회고: 아름다운 소풍」. 『문학치료연구』 26(2013), 39-77.

정현주.『음악치료학의 이해와 적용』. 서울: 이화여자대학교출판부, 2009.

주디스 A 루빈. 김진숙 (역). 『미술치료학 개론』. 서울: 학지사, 2006.

주리애. 『미술치료는 마술치료』. 서울: 학지사, 2005.

최애나 외. 「음악치료 활동이 주간보호노인의 인지기능과 우울에 미치는 영향」.『예술심리치료연구』 6-1(2010), 103-121.

Fox, John. *Poetic Medicine: The Healing Art of Poem-Making*. New York: Penguin Putnam Inc., 1997.

Heninger, O. E. "Poetry Therapy in Private Practice." *Poetry in the Therapeutic Experience*. Ed. A. Lerner. New York: Pergamon Press, 1978. 56-62.

Leedy, J. J. *Poetry as Healer: Mending the Troubled Mind*. New York: The Vanguard Press, 1985.

Mazza, Nicolas. *Poetry Therapy: Theory and Practice*. New York and London: Routledge, 2003.

Pennebaker, James W. *Writing to Heal: A Guided Journal for Recovering From Trauma & Emotional Upheaval*. Oakland: New Harbinger Publications, Inc., 2004.

Reiter, Sherry. "Enhancing the Quality of Life for the Frail Elderly: Rx, the Poetic Prescription." *The Journal of Long Term Home Health Care* 13-2(1994). 139-146.

Reiter, Sherry. "Poetry Therapy: Testimony on Capitol Hill," *Journal of Poetry Therapy* 10-3(1997). 169-178.

Tores, C. M. Stewart, A. J. Nolen-Hoeksema, S. "Regret Resolution, Aging, and Adapting to Loss," Psychology and Aging Vol 23-1(2008). 169-180.

* 이 글은 필자의 논문 "A Case Study on the Effects of Humanities Therapy: Focused on the Emotional Well-being of the Elderly Patients with Disabilities" (Journal of Humanities Therapy Vol 5 (2014): 107-127)를 번역·수정·보완한 것이다.

가정폭력 피해여성을 대상으로 한 분노 경감을 위한 인문치료

윤 일 수

1. 머리말

가족은 사회의 최소단위다. 그런 만큼 남녀가 만나 한 가정을 이루는 의식은 신성한 것이다. 결혼은 남녀 개인의 만남이 아니라 집안 대 집안의 만남이며, 새로운 작은 사회가 생성되는 과정이기 때문이다. 그런 만큼 친지를 모셔놓고 하는 결혼식은 새로운 가정의 탄생을 알리는 자리이자 새로운 가정을 잘 꾸려가겠다는 약속을 하는 자리다. 새로 가정을 꾸리는 두 사람이 가족과 친지로부터 축하받는 자리다.

이처럼 축복을 받으며 출발한 가정이라고 해서 모두 영속하는 것은 아니다. 시간이 지나면서 구성원을 늘리며 확장하는 가정도 있지만, 경우에 따라서 해체되는 가정도 있다. 그 해체의 이유 중 하나가 분노를 적절히 통제하지 못한다는 것이다. 단란한 가정을 꾸리던 부부가 역기능적인 분노 표출로 파국을 맞이하는 경우는 상당히 많다. 예를 들어 유명 연예인 이모씨가 부부싸움 끝에 남편이 휘두르는 둔기에 맞아 갈비뼈가 세 대나 부러지는 중상을 입고

119구조대에 실려 병원에 갔다느니(『한겨레신문』, 2003.2.10.), 탤런트 이모씨가 아내를 폭행해 전치 32일의 부상을 입힌 혐의로 불구속 기소됐다느니(『한국경제』, 2007.6.29.) 하는 가정폭력 관련 기사는 어렵지 않게 찾을 수 있다. 이런 사례는 유명인뿐만 아니라 일반인들에게도 빈번하게 일어나는 일이다.

가정폭력으로 인한 가족해체가 나날이 증가함에 따라 가정폭력은 더이상 개인적인 문제가 아니라 사회적인 문제라는 인식을 가지게 되었다. 최근 경기도 안산에서 남편에게 피살된 여성은 한번의 고소와 두 번의 방문신고를 비롯하여 모두 11차례 경찰에 도움을 청했던 것으로 나타났다(『SBS뉴스』, 2014.11.25.). 이에 경찰의 적극적인 개입이 있었더라면 비극적인 결말로까지 치닫지 않았을 것이라는 반성의 목소리가 높다. 가정폭력은 힘의 균형이 깨어진 상태에서 벌어지는 폭력이므로 공권력의 개입없이 근절한다는 것은 사실상 어렵다. 가정폭력은 집안문제이므로 주변에서 개입하는 것은 바람직하지 않다는 통념이 지배적이기 때문에 더욱 그렇다.

가정 내 폭력이 증가할수록 사회적 폭력도 증가하는 경향이 있으며, 사회적 폭력이 증가할수록 가족 내 폭력도 증가하는 상호연관성이 있다(한국가족복지학회, 2004: 39). 가정폭력 노출경험이나 아동학대 경험은 청소년의 학교폭력 가해행동에 직접적인 영향을 미치기 때문이다. 가정에서 부모로부터 언어적, 신체적 학대를 경험한 청소년일수록 가정 밖의 학교환경에서 또래를 향하여 폭력을 행사할 가능성이 높은 것으로 나타났다(김재엽 외,

2008: 235~236). 이처럼 가정폭력을 감소시키는 것이 사회폭력을 감소시키는 것과 맥이 닿아있다.

이 글은 가정폭력 피해여성의 인식변화와 그것이 지니는 본질적인 의미를 밝히려는 목적으로, 역기능적 가족관계에서 분노로 인해 고통받고 있는 피해여성을 대상으로 인문치료 프로그램을 실시한 결과에 관한 것이다. 따라서 가정폭력 피해여성이 상담초기에 느꼈던 감정에서 출발하여, 인문치료 프로그램에 참여하면서 경험하는 변화과정을 중심으로 연구가 이루어졌다.

2. 문헌고찰

1) 가정폭력의 개념

가정폭력이란, 가족구성원 중의 한 사람이 다른 가족에게 의도적으로 물리적인 힘을 가하거나 정신적 학대를 통해 고통을 주는 행위를 말한다(정병삼, 2011: 8). 가정폭력의 가해자와 피해자는 배우자, 부모자식, 형제, 동거가족 등이다. 그러다보니 아내, 아동, 노인 등 사회경제적 약자를 대상으로 발생하며, 물리적인 폭력뿐만 아니라 심리적이거나 정서적 폭력까지 포함한다. 넓은 의미에서 가정폭력은 피해자에게 막대한 심리적, 정서적 타격을 입히고 자아존중감을 해치는 언어적 학대, 성적 학대, 방임, 유기 등을 포함하는 개념이다(정춘숙, 1999: 15).

2) 분노와 폭력행동

분노란 가벼운 짜증에서 격심한 흥분상태에 이르기까지의 다양한 감정을 포괄하는 개념이다. 분노는 심장박동과 혈압을 상승시키고, 스트레스 물질인 아드레날린과 노르아드레날린이라는 '에너지' 호르몬의 분비를 유발하는 것으로 나타났다. 또한 분노는 위험으로부터의 생존을 유지하기 위해 공격 또는 도피 반응을 취하게 만드는 코르티졸 호르몬을 증가시켜, 뼈가 약해지거나 살이 찌도록 만드는 부작용이 있다고 한다(티안 데이톤, 2008: 411). 분노는 다양한 형태로 표출되며 자신의 복합적인 측면을 드러낸다. 담쌓기, 비판하기, 회피하기, 푸념하기, 토라지기, 짜증내기, 통제하기, 불평하기, 타인과의 관계를 거부하거나 부정적인 생각에 몰두하기 등이 그것이다(티안 데이톤, 2008: 412).

분노 조절이나 표현이 적절하게 이루어지지 못하면 사회적 상호작용이 실패하게 되고, 부적응적인 내적 조절로 이어져 정신병리와 신체적 질병이 발생하게 된다고 한다(민경환, 2007: 391). 그 이유는 자신의 분노경험을 비난・욕설, 언어적 폭력・극단적인 모욕과 같은 외현적 행동으로 표현하기 때문이다(전현숙・손정락, 2011: 378). 분노는 이러한 역기능적인 면만 있는 것이 아니라, 순기능적인 면도 있기 때문에 분노를 잘 사용하게 되면 행동에 활력을 주고 행동을 조직화할 수 있다. 또한 적절한 분노 표현은 대인관계에 조정이 필요하다는 신호이므로, 이러한 신호를 상대방에게 보내는 것으로 관계개선을 위한 시발점으로 삼을 수 있다(민경환, 2007: 391). 분노는 가정폭력 가해자에게만 내재하는 것이 아니라 가정폭력 피해자에게도 내재해 있다. 그로 인해 가정폭력 피해자가 가정폭력 가해자가 되고, 가정폭력 가해자가 다시 가정폭력의 피해자가 되는 순환구조를 가지고 있다.

3. 연구방법

1) 연구설계

본 연구는 가정폭력 피해여성을 대상으로 인문치료 프로그램을 실시하여, 현상학적 연구방법을 적용해 가정폭력 피해여성의 인식변화와 그것이 지니는 본질적인 의미를 밝히고자 한 질적 연구다. 질적 연구는 사회현상을 있는 그대로 바라보면서 일상생활에서 일어나는 언어를 재구성하여 사물의 본질적 속성을 밝히는 것에 초점을 두고 있다(최종혁, 2009: 24). 따라서 본 프로그램 참가자가 인문치료를 통해, 가정폭력의 피해여성이 남편에게 느끼는 감정과 프로그램 참여를 통해 일어나는 변화과정을 통해 가정폭력이 지니는 본질적인 의미를 도출하고자 하는 것이다.

2) 연구참여자 선정 및 주요특성

본 연구의 대상인 인문치료 프로그램은 가정폭력과 남편의 외도로 인해 분노가 심각한 상태에 있던 내담자가 프로그램 참여를 통해 분노에서 벗어나 부부관계를 회복하고자 지인의 소개를 받아 상담소를 방문하면서 이루어졌다.

내담자의 인적 사항은 다음과 같다.

〈표 1〉 내담자 인적사항

성명	연령	성별	학력	결혼 여부	가족	상담 이유
홍장미 (가명)	48세	여	대재	기혼	시부, 남편, 아들2, 며느리	감정조절이 어려움, 분노와 미움이 많음, 현재 상황을 편안하게 만들고 싶음

내담자는 현재 90세의 친정어머니가 생존해 있는데, 친정어머니는 전 남편과의 사이에 난 아들을 데리고 2살 연하의 남편과 결혼하여 3남 3녀를 두었다. 내담자는 막내로 오빠 3명과 언니 2명이 있다. 그중 이부오빠는 사망했으며, 둘째오빠는 이혼했다. 내담자의 남편은 3남 3녀 중 넷째로, 형 2명・누나 1명・여동생 2명을 두었다. 현재 88세의 아버지가 생존해 있다. 내담자는 22살에 5살 연상의 남편과 결혼하여, 아들 2명을 두었는데, 큰아들은 직업군인으로 대학재학 중이며, 올해 4살 연하의 여성과 결혼했다. 작은 아들은 대학재학 중으로 군입대를 앞두고 있다.

내담자는 친정오빠들과 큰아들로부터 에너지를 받고 있으며, 그 외에 대학 동기 S언니와 K대 학우들, 야학[검정고시], 들꽃,

교회 권사님과 구역 가족들로부터 에너지를 받고 있다. 반면에 친정언니 2명을 비롯하여, 시아버지, 큰시아주버니, 큰형님, 남편, 두 아들로 부터 스트레스를 받는 갈등관계에 있다. 남편은 내연녀로부터 에너지를 받고 있으며, 그 외 시아버지, 큰형님과 큰형수, 시누이, 아내, 가정, 아들 2명과 스트레스를 받는 갈등관계에 있다. 큰아들은 아내로부터 에너지를 받으며, 둘째아들은 아버지와 부모, 교회, 교회 선배로부터 스트레스를 받는 갈등관계에 있다.

3) 자료수집

분노해소를 통한 부부관계 회복을 위한 인문치료 프로그램은 2011년 10월 27일부터 12월 22일까지 총8회에 걸쳐 각 회기당 3시간씩, G시에 소재한 M센터에서 연구자에 의해 진행되었다. 본 연구자는 한국인문치료상담학회에서 발급한 수련감독 인문치료사 자격증과 한국사이코드라마·소시오드라마학회에서 발급한 사이코드라마 1급 자격증을 소지하고 있다. 본 프로그램은 인문치료로 미술치료, 글쓰기치료, 사이코드라마 등으로 구성되어 있다. 프로그램 진행과정에 이루어진 작업에 발생한 자료는 내담자의 동의하에 사용했으며, 사이코드라마는 녹음한 것을 축어록으로 만들어 사용했다.

4) 프로그램 개요

본 프로그램은 가정폭력 피해여성이 인문치료 프로그램에 참여함으로써, 남편에 대한 분노감정을 해소하여 부부관계를 회복하려는 목적에서 이루어졌다. 따라서 현재 상황을 점검하기, 분노의 원인탐색과 분노 표출하기, 부부관계 회복하기, 남편의 입장 헤아리기, 부부관계 조감도 그리기, 나의 인생 설계하기 등으로 구성되었다. 이러한 구성은 현재 부부관계를 진단한 후, 부부관계에 균열을 가져온 남편에 대한 분노의 원인을 탐색하고, 그 분노를 표출함으로써 분노감정을 해소하고자 했다. 이런 단계를 거쳐 남편에 대한 분노감정이 어느 정도 해소된 상태에서 부부관계 회복을 위한 방안을 모색하고, 지나온 인생역정을 정리해보고 앞으로의 인생을 설계해 보는 형태로 구성되었다.

회기별 프로그램 내용은 다음과 같다.

〈표 2〉 인문치료 프로그램 진행과정

회기	주제	내용
1 2011. 10.27.	현재 상황 점검하기	· 상담신청서 작성 · 가계도, 생태도 그리기 · 동의서 작성 · 미술치료: 현재 그리고 싶은 것 그리기 · 글쓰기치료: 남편으로부터 사랑받고 있음을 알 수 있는 것과 사랑받지 않고 있음을 알 수 있는 것 글로 표현하기 [안심/ 편안함] · 글쓰기치료: 남편으로부터 사랑받을 수 있는 요소와 남편과의 관계를 악화시키는 요소 글로 표현하기[무시/ 업

		신여김/ 배척/ 무관심/ 막말] · 과제: 행복한-하지 말아야할 일: 타인에게 남편의 험담을 절대로 안 하기/ 남편에게도 (남편의 험담을) 안 한다/ 남편에게도 시댁가족 험담도 안 한다 - 해야 할 일: 남편이 좋아하는 식단으로 준비한다/ 즐겁고 기쁘게 먹을 수 있는 환경만들기/ 과일을 항상 준비한다 - 환경 만들기: 식사 전에 절대로 다투지 않는다/ 식사 시간에도 일체의 시댁험담이나 남편이 싫어하는 말을 삼간다/ 남편이 좋아하는 반찬은 건강에 해롭더라도 말없이 해준다/ 결혼생활을 위해 당장 실천할 수 있는 것 찾기
2 11.3.	분노의 원인 탐색하기	· 과제 점검하기 - 남편 험담: 0.1/ 식단: 4/ 남편에게 약속 말하고 지키기: 2/ 시댁 가족들 험담 안하기: 2 · 자신의 장점과 단점 찾기 - 단점: 평온한 대화 중에라도 시댁 이야기가 나오면 분노 / 남편에게 스트레스를 받으면 자녀에게 화풀이를 함/ 거짓말을 못해서 마음이 상하면 금방 얼굴에 나타남 등 - 장점: 누굴 만나든지 즐거움/ 이간질 안 함(과묵함)/ 남 칭찬 잘함 등 · 글쓰기 치료: 그림동화 '우리가족사' 창작하기 · 한 장면 사이코드라마 실연(보조자: 지인) - 소감: 처음으로 남편의 마음 속을 들여다 보았다/ 조금은 이해할 것도 같다/ 불쌍하다/ 그러나 나도 불쌍한데 남편(을→은) 모르는 것 같다 등 · 과제: 남편이 진심으로 간절히 원하는 것이 무엇인지 알고 지켜주기
3 11.10.	분노 표출하기	· 과제 점검하기 - 수행정도: 7/ 그들의 필요가 무엇인지를 알고 필요 적절하게 공급해주고 도와줄 때 그들이 만족함을 느끼면 마음이 편하고 난 보람을 느낀다. · 미술치료: 지점토로 현재 가족관계 표현하기

		· 미술치료: 나의 환경, 좋은 기억과 나쁜 기억, 원하는 모습을 그림으로 표현하기 · 빈의자기법으로 남편에 대한 분노 표출하기 – 바타카치기, 신문찢기, 침뱉기(40여분간 진행) · 미술치료: 현재 가정의 모습과 원하는 가정의 모습을 그림으로 표현하기
4 11.15.	부부관계 회복하기	· 사이코드라마 실연(보조자 1인) – 워밍업: 점쟁이놀이[얼마나 참아야 될까요? 얼마나 기다려야 될까요? 저는 더 이상 참아질 수가 없어요.] – 인터뷰: 남편에게 집착함, 남편으로부터 배신감 · 자존심 상함 · 비참함을 느낌 등 – 장면1: 분노 표출하기[가장 화가 나는 장면: 식당주인의 비난에 대한 억울함과 분노/ Y지역 사람을 대표하는 식당주인에게 분노 표출하기] – 장면2: 행복했던 결혼생활 재연하기[10년전 ○○○ 자격증 취득: 남편이 필요하다고 해서 땀, 자랑스러웠음] – 장면3: 장애물 제거하기[천(남편) 뺏기: 조강지처 vs 불법 · 자격 없음] – 장면4: 가상 이혼상황 경험하기[그네기법: 결혼생활 유지 vs 이혼(이혼 선택: 너무 지침, 내가 망가짐 · 아내의 원망 표현)/ 이혼 후 다문화가정 ○○○교사 면접 장면(면접관이 가진 이혼녀에 대한 편견과 맞서기)/ 남편의 원망 표현(당신은 지난 일 가지고 트집잡을 때 컨트롤이 안 돼) – 장면5: 부부관계 회복 훈련하기[희망 사항: 남편이 진심으로 뉘우치고 노력한다면 노력해 볼 자신 있음/ 남편에 대한 불만 토로: 비하함 · 군림함 · 부당한 대우함/ 남편의 입장에서 듣기: 과거 이야기 반복하며 잔소리를 함, 자기 자랑만 함/ 의사소통 훈련: 자기 의견 명확히 표현하기, 칭찬하기] – 나누기[주인공 소감: 나를 들여다본 느낌임/주인공 자각: 남편 입장에서 '우리 와이프는 한없이 바라는 여자'라고 생각을 함]

5 11.24.	남편되기	· 지난 회기 점검: 소감나누기 - 나를 조금은 들여다볼 수 있는 계기가 됨/ 남편의 상처를 후벼파는 역할을 했던 것은 아닐까 생각해 봄 등 · 글쓰기치료: 남편의 전기 쓰기 · 남편에 대한 느낌 표현하기 - 나의 남편: 위선자, 이중인격자, 체면치레자, 이기주의자, 자신이 현재 무엇인지도 모르는 사람 등 · 나의 바람 표현하기 - 저의 바램은 제 안의 분노를 원인을 찾고 조절하고 변화하는 것/ 남편과의 관계를 개선하고 노력해보는 것
6 12.8.	부부관계 조감도 그리기	· 부부싸움 후의 가족관계 점검하기 - 그리고 싶은 것, 우리 가족의 모습, 현재 기분 · 미술치료: 꼴라주 작업(나의 삶 점검하기) - 가장 마음에 드는 것: 인공발목으로 달리기하는 사람/ 나의 과거와 현재 그리고 미래/ 현재: 활발하게, 숨어있는 진주를 찾아라/ 미래: 연금저축 소득공제한도 400만원으로 이달 내 최소 100만원 넣어야 최대 혜택 / 마음이 가는 시제: 현재/ 마음이 가는 인물: 큰아들 · 미술치료와 글쓰기치료: 현재의 감정 표현하기 - 선·면·그림· 글[이혼소송을 앞둔 나/ 군입대를 앞둔 아들]
7 12.15.	나의 인생 설계하기 Ⅰ: 결혼 전	· 나의 연보 작성하기: 결혼 전 - 19세 남자친구를 유일하게 좋아했는데 여자친구가 꼬셔서 데리고 잠을 자서 내가 차버렸음 등 · 가족에 대한 생각 표현하기 - 보호해줘야 할 대상/ 근심거리 등 · 현재 기분 표현하기 - 구름 위에 떠 있는 자신을 그림

8 12.22.	나의 인생 설계하기 Ⅱ: 결혼 후	· 나의 연보 작성하기: 결혼 후 – 24세 D지역에서 살 때 큰애 4살 때 남편이 시댁 Y지역에 들어가 살자며 매일 술먹고 들어와서 행패부리고 칼로 협박함 등 · 남편을 연상되는 '말' 탐색 – 니가 그랬잖아/ 니가 그러고 다녔잖아/ 너가 그랬지 · 남편 '말'의 의미 탐색: 남편 입장과 나의 입장 – 남편의 잘못을 아내에게 전부 전가시켜서 뒤집어 씌우고 자신은 아무런 잘못이 없다는 명분을 만들려고 위장하는 것 등 · 남편과 나의 세계 탐색: 거주지와 인물 – 이혼에 대한 의지 드러남 · 희망 사항 표현하기 – 사악함을 방패로 막는다고 함 · 현재의 기분 표현하기 – 이혼을 앞둔 담담한 심정을 표현함

5) 분석방법

본 연구의 목적은 가족관계의 인식변화를 통해 가정폭력에서 분노감정이 지니는 본질을 밝히기 위해 현상학적 방법을 적용한 질적 연구다. 질적 연구는 행위자의 주관적 체험과 그것이 지니는 의미에 초점을 두고 풍부한 설명을 제공한다. 원자료는 회기별 상담에서 수집된 그림과 글, 내담자의 진술, 사이코드라마 축어록이다. 원자료를 반복해서 읽으면서 주요개념을 도출하였으며, 도출된 개념 중 유사한 것끼리 묶어서 추상적인 용어로 하위범주를 만들고, 하위범주를 다시 공통적인 속성을 가진 것끼리 묶어서 추상화함으로써 연구자가 발견한 일반적 의미가 드러나도록 했다.

4. 연구결과

1) 가정폭력 피해여성이 지니는 분노의 주제와 의미

(1) 남성중심의 가부장사회

① 무시, 업신여김 그리고 배척

첫 방문에서 내담자는 약 90분 동안 잠시도 쉬지 않고 혼자 이야기한다. 말의 속도가 빠르고, 상대방의 반응에 주의를 기울이는 기색이 없다. 이야기 도중 감정이 격해져 2~3차례 눈물을 흘리기도 한다. 이러한 정황으로 볼 때 내담자는 현재 스트레스가 심하며 정신적 외상을 입은 것이다. 내담자는 상담초기 현재 상황을 점검하는 과정에 '남편으로부터 사랑받고 있음을 알 수 있는 것'으로 '안심'과 '편안함'을 적고, 그중 마음에 드는 것으로 '편안함'을 선택한다. 반면에 남편으로부터 사랑받지 않고 있는 것으로 '무시・업신여김・배척・무관심・막말'을 들었으며, 그중 '업신여김'이 가장 걸린다고 한다. 내담자가 남편에게 보이는 적대감은 자신의 욕구가 무시당하고 존중받지 못하는 것에서 기인한다. 높은 수치의 적대감을 보일수록 타인과의 논쟁을 자주하고 부정적인 사건을 겪는 경우가 많으며, 사회적 지지는 적게 받는다고 한다. 또 적대감 수치가 높은 부부일수록 '강압적이고 독선적인 상호작용'을 한다는 것이다. 또한 분노는 결혼생활을 망가뜨리는 주요 원인이므로, 분노를 다루지 못하는 부부들은 서로에 대한 친밀함과 열정을 잃어버리는 경우가 많다고 한다(티안 데이톤, 2008: 415). 현재 내담자가 남편과 거의 소통이 이루어지지 않고 있는 것은 두 사람 사이에 존재하는 분노 때문이며, 내담자의 가족들이 대부분의 주변인물과 갈등관계에 놓여 있는 것 역시 내담자의 가족이 많은 분노를 가지고 있기 때문이다.

② 남편은 악마, 나는 천사 우리는 다른 종족

내담자는 자신의 장점으로 대인관계가 좋고 칭찬을 잘 하고 표정이 밝은 것을 들었다. 그럼에도 불구하고 내담자는 남편이나 시댁이야기만 나오면 분노감이 치솟는다고 한다. 내담자는 그림동화를 그리며 시가가 있는 Y지역으로 '악(惡)'을 상징하며, 자신이 있는 C지역으로 '선(善)'을 상징하는 것으로 표현했다. 내담자의 이러한 흑백사고 또한 외상에서 기인하는 것이다. 외상을 입은 사람들은 정상인에 비해 지나치게 빨리 화를 내거나 분노를 전혀 표현하지 않는 경향이 있다고 한다. 이것은 그들이 지나치게 민감하거나 폐쇄적인 감정적 세계에서 흑백사고를 하며 살아가고 있다는 점을 반영하는 것이다(티안 데이톤, 2008: 418). 그림동화의 내용은 장애인 시가식구 · 남편과 시가식구의 폭력성 · 시아버지와 시어머니의 무능함·시아버지의 술주정 등 시가식구를 부정적으로 그리고 있다. 내담자는 스스로를 집안교육을 잘 받고 예의가 바르다고 진술했는데, 내담자의 이런 요소가 남편을 비롯한 시가식구에게는 열등감을 자극하는 것이 되었던 것이다. 병리적 상처와 증상은 유년기에 경험된 어떤 요소들이 '나중에' 어떤 요소와 결합되어야만 비로소 발생한다고 한다(이창재, 2010: 129). 즉, 남편과 시가식구들은 유년기에 마을사람들로부터 업신여김 당했던 상처로 인해, 내담자와의 관계에서 민감하게 반응하게 된 것이다.

③ 착한 며느리 콤플렉스, 분노의 증폭

내담자의 환경을 점검한 결과, 시아버지·남편·둘째 아들과 갈등관계에 놓여있으며, 그들로부터 나쁜 에너지가 나오는 것으로 표현했다. 내담자는 '시가식구와의 관계에서 감사한 기억'을 표현하라는 지시에 '전혀 없다'고 응답하며, '시가식구와의 관계에서 속상한 기억'을 표현하라는 지시에 10개의 문장을 적는다. 그 내용은 그동안 내담자가 시가식구에게 베풀어 준 것으로, 시누이(5건)·시아버지(3건)·큰집(2건)의 기념일을 챙기고, 생필품을 사주거나 용돈을 준 것이다. 선행된 진행과정에서 내담자는 시누이에 대한 엄청난 분노를 표출하고, 큰집[둘째형님 부부]은 갈등이 없다고 한 진술과 달리, 큰집과도 갈등이 존재하며 미움이 강할수록 많은 선행을 베푼 것으로 드러난다. 내담자의 이러한 행동은 상대방에 대한 미움과 증오를 가지고 있는 것에 대해, 초자아가 양심의 가책을 느껴 그것에 상응하는 선행을 베푸는 것으로 면죄받으려 했던 것이다.

(2) 역지사지를 통한 객관화시키기

① 남편되기, 부부관계 재조명

내담자는 한 장면 사이코드라마를 통해 남편과 시댁을 다른 시각으로 바라볼 수 있게 되었다. 진행방법은 내담자가 남편에게 궁금한 것을 묻고 그 질문에 스스로 대답하고, 남편에게 하고 싶은 말을 하도록 하는 것이다. 그 결과 내담자는 남편의 외도로 충격을 받았던 심정을 토로한 후, 사과를 받았다. 또한 남편과의 역할 교대를 통해 내담자가 몇 년간 둘째 아들과 둘이서 C지역으로 분가해 나간 것이 남편에게도 충격이라는 것을 깨닫는다.

종전까지 남편에 대한 비난으로 일관하던 자세에서 남편을 이해하고 연민을 느끼는 것으로 변화했다. 이처럼 연민을 느끼게 된 것은 남편과의 관계에 변화를 일으킬 가능성이 있음을 시사하는 것이다. 또한 내담자는 자신에 대한 연민을 가지고 있었는데, 남편이 그런 자신의 처지를 모르는 것에 대해 서운한 감정을 가지고 있다. 이러한 현상은 중요한 의미를 지니는 남편으로부터 자신의 존재를 인정받고자 하는 욕구에서 비롯된 것이다. 내담자는 자기 자신의 의지대로 행동하기보다 남편에게 맞추려고만 하는 상호의존성이 강하게 드러난다. 이상의 결과 내담자는 상호의존성이 강한 인물로 자신에게 중요한 존재인 남편에게 밀착하고자하는 욕구를 가지고 있었으나 남편이 자신의 기대를 충족시켜주지 못하는 데 대한 실망에 남편의 외도로 인한 배신감이 더해져 분노가 생성된 것이다.

② 응축된 분노, 온몸으로 녹아내기

내담자의 내면에는 상당히 큰 분노가 잠재되어 있으므로, 후속 작업으로 분노를 표출할 수 있도록 한다. 분노를 표출하는 작업은 분노의 대상을 바타카[신문지로 만든 몽둥이]로 치며 하고 싶은 말을 하는 형태로 진행한다. 내담자는 처음에는 남편을 대상으로 바타카를 치면서 분노를 표출하더니 뒤이어 자발적으로 시부모, 시누이로까지 분노의 대상을 확대해 갔다. 그뿐만 아니라 남편을 '찢어버리고 싶다'며 찢는 행위를 하게 해달라고 요청하는 자발성을 보이기도 했다. 이러한 자발성은 내담자가 갈등관계에 있는 사람에게 자신의 감정에 반해, 잘 대하는 행동을 보였으나 이후 같은 상황에 대해서 창조적으로 새롭게 반응할 수 있는 가능성을 시사하는 것이다(최헌진, 2010: 168). 분노표출 작업은 바티카치기에 이어 신문지 찢기, 찢은 신문지를 쓰레기봉투에 넣어서 밟으며 침뱉기 등의 후속 작업으로 이어진다. 이처럼 몇 단계에 걸쳐 진행된 분노표출 작업은 약 40분 정도 소요된다. 통상적으로 분노표출 작업이 짧으면 2~3분 정도, 길어도 5분~10분 정도 소요되는데 비해 상당히 길게 진행된 분노표출과정에서 내담자는 "아~ 시원해!"를 연발하며, "진작 이럴 걸", "텔레비전에서 이런 것 할 때 해보고 싶었어요" 등의 말을 덧붙인다. 이처럼 상당히 많은 시간을 필요로 한 분노표출 작업과 내담자의 대사로 비추어 볼 때, 내담자는 평소에 분노표출을 잘 하지 못하고 억압하는 유형이다. 분노를 기능적으로 표출하지 못하고 억압했기 때문에 분노가 역기능적으로 표출되어 남편을 비롯한 시가식구와의 관계가 악화되었던 것이다(윤일수, 2012: 29).

③ 행복한 기억 되살리기, 당당한 나로 거듭나기

10년 전 Y지역에 살면서 남편과 함께 ○○○ 자격증을 땄을 때로 무척 자랑스러웠다고 한다. 내담자는 여자가 취득하기에는 부담스러운 자격증임에도 남편이 필요하다고 해서 따게 됐다고 한다. 이러한 진술에서 내담자는 남편과 분리되지 못하고 밀착관계에 있으며, 그런 내담자의 심정을 남편이 헤아려 주지 못해 분노가 파생된 것이다. 잉여현실에서 내담자는 ○○○ 자격증을 취득한 것을 축하받는 과정에 남편에게 꽃다발을 사달라고 요구하는 자발성을 보인다. 분노(대수의 수치150)가 자발성(310)으로 바뀌기 위해서는 '자존심-용기-중용'의 단계를 뛰어넘어야 한다. 그것은 '미움'의 감정이 '낙관'으로 바뀌는 것이다(데이비드 호킨스, 2008: 64). 따라서 내담자의 감정이 '분노'에서 '자발성'으로 바뀌는 것은 상당히 발전적인 변화가 일어났음을 나타내는 것이다.

꽃다발을 받아든 내담자는 그것이 세 번째 꽃다발이라며, 행복했던 순간을 진술하면서 서럽게 운다. 종전까지 남편을 향하던 분노가 자신에게로 향하게 되면서 슬픔으로 바뀌게 되었던 것이다. 이처럼 분노가 포함된 슬픔을 처리하는 과정에 몰입하게 되면 '지금-여기'에서 자신의 감정을 경험하고 이해하는 작업을 통해 마음의 홀가분해짐을 느낄 수 있다고 한다(티안 데이톤, 2008: 413). 또한 그동안 내담자가 기억하는 남편과의 관계에서 좋았던 기억을 전혀 언급하지 않았는데, 사이코드라마에서 행위화를 통해 몸에 남아있던 기억을 되찾을 수 있었던 것이다(티안 데이톤, 2008: 413). 이처럼 사이코드라마는 행위화시키는 것으로, 내담자의 몸이 기억하고 있던 것을 재현해 냈던 것이다. 자신이 인지하지 못하고 있었던 새로운 사실을 자각할 수 있게 된 것이다.

(3) 탈제도화를 통한 돌싱으로 살아가기

① 당찬 며느리, 가족의 장점 발견

내담자는 '현재의 가정'과 '원하는 가정'을 표현해보라는 지시에 따라, 현재의 가정으로 식탁에 앉아 있는 가족화를 그리는데, 종전과 달리 시아버지·둘째형님 부부[큰집]가 사라지고 큰아들 부부가 가족화에 등장한다. 처음 큰아들을 그린 뒤, 며느리를 추가해 그려넣어 새로운 가족화를 완성했다. 그리고 큰아들 부부만 시선을 마주보게 그리고, 다른 구성원들은 각자 다른 곳을 바라보는 것으로 표현했다. 내담자의 진술에 의하면 큰아들은 직업군인이어서 자주 보지 못하고, 며느리는 직장생활을 하는데 '당차다'고 한다. 또한 며느리가 집을 살 때까지 아이를 낳지 않겠다고 하며 악착같이 돈을 벌어 모은다는 이야기를 덧붙인다. 종전까지 내담자는 분노를 억압하고 있는 상태였기 때문에, 분노 감정에 억눌려 다른 감정을 인지할 수 없었다. 자신이 사랑을 받지 못한 상태였기 때문에 다른 사람에게 사랑을 나누어줄 여유가 없었다. 따라서 바타카치기와 신문찢기를 통해 억압된 분노를 순기능적으로 표출해줌으로써, 자연스럽게 감정의 물꼬를 틀 수 있었던 것이다. 이처럼 분노를 분명하게 표현하면서 자기 생각을 전달하면 사소하거나 중대한 변화를 일으키게 되기 때문이다(티안 데이톤, 2008: 412).

② 새로운 인생의 출발, 꿈 설계하기

꼴라쥬작업에서 내담자는 장애를 안고 있음에도 불구하고 목표를 향해 달려가는 장애인의 사진을 가장 마음에 드는 것으로 선택함으로써 '장애극복'과 '목표 달성'에 대한 의지를 표출했다. 또한 과거·현재·미래를 정리하면서 자신을 주인공으로 선택했다. 이전에 이루어진 5회기까지 주인공은 늘 남편이고, 자신은 남편을 위해 존재하는 보조자로 그려졌다. 따라서 내담자 자신을 주인공으로 설정했다는 것은 남편과 분리되어 독자적인 삶을 살고자 하는 심리상태를 반영하는 것이다. 더군다나 내담자가 선택한 자신의 모습은 과거·현재·미래 모두 '공부'와 관련된 것으로 일관성을 띠고 있다. 이것은 4회기 사이코드라마의 잉여현실장면에서 이혼 후에 다문화가정 ○○○교사를 하기 위해, C교육청에 면접을 보러가는 상황을 연출한 것과 관련있는 것으로 나타난다.

또한 마음에 드는 시제로 현재를 선택하고, 그동안 진행된 상담에서 거의 언급하지 않았던 큰아들 부부를 주인공으로 선택했다. 큰아들은 상당히 이른 나이에 결혼하여, 물리적·경제적·심리적으로 내담자 부부와 완전히 분리되었다고 한다. 마음에 드는 시제의 작업 내용에 의하면, 며느리는 당당하고 자신감있게 자기 일을 해나가는 인물이며, 남편 역시 당당한 경영자의 모습이다. 또한 큰아들 부부는 사랑이 넘치는 부부이자 행복한 가정의 모습이다. 특히 내담자는 큰아들 부부[가족]의 모습 위에 '서로 갖춰·참된·도움·풍성하게'라는 단어를 제목처럼 달고, 사랑이 넘치는 행복한 가정을 이루기 위해서 전제되어야 할 것이라고 했다. 또한 이것은 내담자가 원하는 현재의 삶이며, 이것이 갖추어진다면 가로수가 있는 들판사진처럼 편안함이라는 것이다. 이런 큰아들에게 마음이 많이 가는 것으로 보아 내담자 역시 큰아들과 같이 독립적인 삶을 살고 싶어하는 욕구가 반영되어 나타난 것이다.

③ 이혼결심, 독립된 인생 살아가기

결혼생활에서 남편에 대해 가졌던 감정을 점검해 보았다. 내담자는 남편이 가장 즐겨 사용하는 말이 '니가 그랬잖아·니가 그러고 다녔잖아·너가 그랬지'라고 했다. 그 말은 '자신의 잘못을 인정하지 않겠다'는 것을 의미하며, '자신에게 누명을 씌운다'는 의미로 받아들이고 있었다. 이 말은 '불륜'을 의미하는 것으로 서로

가 불륜을 저질렀다고 비난하는 양상이라고 했다. 내담자는 남편의 불륜으로 인한 배신감을 느끼는 것 이외에도 자신이 불륜을 저질렀다는 누명을 쓴 것에 대한 억울함을 가지고 있다.

내담자는 자신과 남편을 완전히 분리시켜 별개의 세계에 존재하는 사람으로 인식하고 있다. 그런데 그 세계는 '햇빛'과 '밤'과 같이 너무나 상이하다. 내담자는 남편과 남편의 세계를 '방패'로 막아야 하는 '악(惡)'의 세계로 인식하는 선택적 지각을 하고 있다. 선택적 지각이란, 전체를 보지 못하고 부분만 보고 판단하는 오류를 범하도록 하는 것이다(김규식, 2009: 290). 이처럼 잘하는 행동은 무시하고, 잘못된 행동에만 초점을 두어 관계를 악화시키고 있다. 이러한 내담자의 증세는 남편의 외도로 인해 배신감을 느낀 상태에서, 자신이 외도했다는 누명까지 쓰게 됨으로써 남편에 대한 신뢰가 깨어진 내담자의 심리상태와 관련이 있다. 내담자의 진술에 의하면, 악의 존재인 남편으로부터 자신을 지키기 위해 이혼을 선택하게 되었다고 했다.

2) 가정폭력 피해여성의 인식변화가 지니는 본질적 의미

가정폭력 피해여성이 인문치료 프로그램에 참여하여 작업한 결과물을 통해, 가정폭력 피해여성이 가족관계에서 경험하는 본질적 의미는 〈표 3〉과 같다.

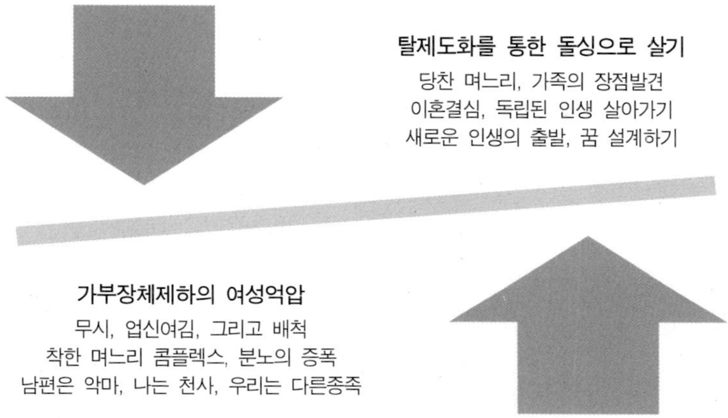

〈표 3 〉 가정폭력 피해여성의 인식변화가 지니는 본질적 의미

가정폭력 피해여성은 가정을 따뜻한 보금자리로 여기기보다 고통스러운 공간으로 인식하고 있었다. 여자라는 이유로 무시와 업신여김을 당하거나 시가의 대소사를 논의하거나 결정할 때 배척당했기 때문이다. 혈통을 중시하는 남성중심의 가부장사회에서 딸은 출가하면 남이라고 생각하기 때문에 남자형제와 달리 무시당하거나 업신여김을 당하며, 며느리는 같은 혈통이 아니라는 이유에서 집안의 대소사를 논의하는 자리에서 배척당했다. 이런 부당한 대우는 여성의 분노를 증식시켰고, 억압된 분노는 역기능적인 가족관계를 형성하는 요인으로 작용하고 있었다. 이처럼 모든 가족구성원들의 보금자리이자 안식처인 가정에서 폭력이 발생하는 것은 가족구성원 개인의 문제에 국한되지 않고, 사회구조적인

문제로 확장시켜보아야 한다. 남성중심의 가부장사회에서 여성은 각종 혜택의 수혜로부터 형제순위나 학업능력과 무관하게 제외되고, 집안의 대소사를 논의하는 자리에서 배제되기 때문이다.

결혼은 개인 대 개인 간의 일이 아니라 집안 대 집안 간에 이루어지는 것이므로, 아내로서의 역할보다 며느리로서의 역할이 강조된다. 따라서 며느리가 집안의 궂은일을 도맡아하는 것을 당연하게 여기며, 노고에 대해 치하해야 한다고 여기지 않는다. 남성중심의 가부장사회는 남존여비(男尊女卑)와 삼종지도(三從之道)를 은연중에 강요하는 경향이 있으므로, 여성은 사회규범에 따라 착한 며느리가 되기를 강요당하는 경향이 있다. 가족구성원으로서 권리를 누리지 못하면서 의무는 다해야 하기 때문에 여성으로 하여금 분노를 불러일으키게 한다. 시집살이는 '벙어리 3년, 귀머거리 3년, 장님 3년'이라는 세간에 떠도는 말처럼, 여성에게 무조건적인 인내를 강요하기 때문이다.

이러한 불합리한 사회구조는 남편과 시가식구에 대한 적개심을 가지게 하며, 그것이 적절하게 해소되지 못하게 되면, 분노로 발전하여 험담을 일삼는 형태로 표출되었다. 남편과 시가식구에 대한 습관적인 험담은 바람직하지 못한 분노표출 방식으로 가족관계를 악화시키는 요인으로 작용하고 있다. 가족관계는 일단 어긋나기 시작하면 그들 간에 있었던 나쁜 기억만 부각되고 좋은 기억은 묻혀버리고, 대화보다는 폭력을 앞세우게 되기 때문이다. 이러한 남성중심의 가부장 사회는 구조적으로 불합리한 부부관계를 야기하여 가정폭력을 불러일으키는 원인이 되었다. 사회상의 변화로 과거와 달리 오늘날 사회는 여성이 억압받는 것을 견디기보다 부당한 대우에 대해 항거하는 양상을 띠기 때문이다.

따라서 가정 내의 여권신장을 통해 남녀가 평등한 가족관계를 이루어야 한다. 남성과 여성을 동등한 인격체로 바라보아야만 자기주도적인 삶을 사는 며느리가 비난받지 않는 사회가 구현되며, 남편과 헤어져 독립적인 삶을 사는 이혼녀가 비난받지 않는 사회가 구현될 수 있기 때문이다. 남편과 아내, 아들과 딸, 딸과 며느리가 동등하게 대우받고, 존중받는 사회가 선행되어야 가정폭력이 없는 사회가 구현될 수 있다. 그래야만 여성도 남성처럼 독립된 인격체로 사회에 나아가 자기성장과 사회발전을 위해 자신의 역량을 펼칠 수 있을 것이다.

5. 맺음말

본 연구는 가정폭력 피해여성이 인문치료 프로그램에 참여함으로써 경험한 인식변화와 그것이 지니는 본질적 의미를 밝히는 데 목적이 있다. 2011년 10월 27일부터 12월 22일까지 총 8회기에 걸쳐 인문치료를 실시하고, 그 결과를 현상학적인 질적 연구방법으로 분석했다.

연구결과, 피해여성의 인식변화는 3개의 상위범주와 9개의 하위범주로 도출되었다. 상위범주는 프로그램 참여 전후의 변화에 따라, 남성중심의 가부장사회/ 역지사지를 통한 객관화시키기/

탈제도화를 통한 돌싱으로 살아가기 등으로 도출되었다. 남성중심의 가부장사회는 [무시, 업신여김 그리고 배척/ 남편은 악마, 나는 천사 우리는 다른 종족/ 착한 며느리 콤플렉스, 분노의 증폭] 등이며, 역지사지를 통한 객관화시키기는 [응축된 분노, 온몸으로 녹아내기/ 남편되기, 부부관계 재조명/ 행복한 기억 되살리기, 당당한 나로 거듭나기] 등이고, 탈제도화를 통한 돌싱으로 살아가기는 [당찬 며느리, 가족의 장점 발견/ 새로운 인생의 출발, 꿈 설계하기/ 이혼 결심, 독립된 인생 살아가기] 등이다.

연구 결과 다음과 같은 결론을 도출했다. 첫째, 내담자는 남편에게 강한 집착을 보이며, 남편 및 시가식구 그리고 남편과 친밀한 관계에 있는 사람들에 대한 험담을 병적으로 늘어놓음으로써 그들과의 관계를 악화시키고 있었다. 내담자의 이러한 반응을 보이게 된 것은 남편의 외도로 인한 것인데, 남편의 외도가 가져온 배신감과 상실감은 구강기에 고착되어있던 내담자의 질투심을 자극했기 때문이다. 예술창작을 통해 내면의 상처를 스스로 치유하게 됨으로써 남편에 대한 집착을 버리고 자신의 삶을 선택할 수 있게 되었다.

둘째, 내담자는 그림동화 '우리가족사' 만들기 · 남편의 전기쓰기 · 나의 연보작성하기 등의 글쓰기를 통해 '남편-되기'와 '나-객관화시키기'를 해봄으로써 남편의 입장을 이해하고, 자신을 객관적으로 바라볼 수 있게 되었다. 그 결과 그동안 자신을 선(善)으로 규정하고 남편을 악(惡)으로 규정하던 이분법적 시각을 가지고 있었다는 것을 자각하게 되었다. 자신의 행동패턴에 대한 통찰이 이루어졌기 때문에 보다 유연한 사고를 가질 수 있게 되었다.

셋째, 내담자는 수차례 그린 꽃 · 나무 그림에서 자기를 의식하기 시작하면서 그림에 변화가 생기기 시작했다. 예를 들어, 사람이 나타나고, 장애를 가진 시가식구를 위해 헌신해야하는 생활의 대물림을 상징하는 물길, 안식처를 필요로 하고 있다는 것이 집을 그리기 시작했기 때문이다. 이처럼 시각적으로 도식화되는 그림 그리기를 통해 내담자는 자신의 심정을 스스로 알아채고, 자신이 원하는 방향으로 심정을 정리해 나갈 수 있었다.

넷째, 내담자는 매체에 따라 다르게 반응했는데, 글쓰기와 그림그리기를 할 때는 내담자의 심리상태를 반영하는 데 머물렀으나, 매체를 바꾸어 꼴라쥬 작업을 했을 때는 잡지나 사진같은 외부자극에 의해 인식의 전환이 이루어졌다. 이것은 문학작품을 읽는 것과 같은 것으로 텍스트가 담고 있는 '인도된 창조'에 의해 긍정적인 방향으로 이끌어졌다. 그리고 몸을 사용하는 사이코드라마 실연에서는 정직한 몸의 기억을 되살림으로써 자신이 사랑받았던 기억을 되살려 냄으로써 '불행한 결혼'이라는 왜곡된 인식을 바로잡았을 수 있었다.

이처럼 예술치료 활동을 통해 내담자는 자신이 안고 있는 문제를 스스로 파악하고, 스스로 문제를 해결하는 방안까지 모색해냈다. 이것은 내담자가 상처받기 이전의 상태를 최대한 회복하려는 작업이자 인간(人)의 타고난 본성(紋: 무늬)을 되찾고자하는 작업이다. 내담자는 이십여년간 억압적인 시집살이를 하면서, 자기 자신에 대한 존재감을 잃어버렸지만, 자기를 탐색하는 과정을 통해 자기 안에 잠재되어있던 자기성취에 대한 욕구를 발견하고 그것을 실행에 옮기게 되었던 것이다.

참고문헌

김규식(2009), 「부부문제에서 분노의 유발 원인과 대처 전략에 대한 연구」, 『신학과 목회』, 32집, 영남신학대학교, pp.279~299.

김재엽 외(2008), 「청소년들의 가정폭력노출경험이 학교폭력 가해행동에 미치는 영향」, 『2008 한국사회복지학회 추계학술대회 자료집』, 한국사회복지학회, pp.235~236.

민경환(2007), 『성격심리학』, 범문사.

박미리(2013), 『감정모델 연극치료』, 학지사.

윤일수(2012), 「사이코드라마의 개입과 치유 효과」, 『드라마연구』, 37집, 한국드라마학회, pp.85~116.

이가원(2011), 「투사적 이미지를 활용한 연극치료에 관한 연구」, 용인대학교 석사논문.

이선형(2012), 「연극치료에서 투사 연구」, 『드라마연구』, 38집, 한국드라마학회, pp.209~234.

이창재(2010), 「분노의 유형과 기원에 대한 정신분석적 접근」, 『인간연구』, 19호, 가톨릭대학교 인간학연구소, pp.107~154.

전현숙 · 손정락(2011), 「역기능적 분노표현 및 비합리적 신념과 마음챙김의 관계」, 『한국심리학회지: 일반』, 30권 2호, 한국심리학회, pp.377~396.

정병삼(2011), 「가정폭력이 남자 청소년의 가부장적 남성성과 폭력성에 미치는 종단적 영향」, 『한국청소년연구』, 22권 1호, 한국청소년정책연구원, pp.5~28.

정춘숙(1999), 「가정폭력과 가족의 인권」, 『월간 복지동향』, 참여연대사회복지위원회, pp.15~19.

최종혁(2009), 『질적 연구 방법론-현상학적 자기평가론』, 양서원.

최헌진(2010), 『사이코드라마 이론과 실제』, 학지사.

한국가족복지학회(2004), 『가정폭력 전문상담』, 시그마프레스.

데이비드 호킨스(2008), 『의식혁명』, 이종수 역, 한문화.
샤르트르(2006), 『참여문학론』, 변광배 역, 살림.
존 필스(2005), 『드라마와 치료』, 이효원 역, 울력.
티안 데이톤(2008), 『사이코드라마와 집단치료매뉴얼』, 김세준 역, 비블리오드라마.

※ 이 글은 필자의 논문 「통합예술치료를 통한 가정폭력 피해여성의 인식변화」(『연극예술치료연구 』, 4집, 2014.12.31.)를 수정 · 보완한 것이다.

북한이탈주민을 위한 인문치료 프로그램 '찾아가는 새터민학교' 사례

정 성 미

1. 서론

북한이탈주민은 1998년 이후부터 증가하여 2006년부터는 2000여 명이 넘는 수가 매년 입국, 2011년 기준 18,339명에 이르고 있다(장명선, 2010:363). 북한이탈주민이란 북한이탈주민 보호 및 정착에 관한 법률 제2조 제1호에 의해 북한에 주소, 직계가족, 배우자, 직장 등을 두고 있는 자로서 북한을 벗어난 후 외국의 국적을 취득하지 않는 자를 말한다(장명선, 2010:361-362). 북한이탈주민은 탈북과정에서 겪는 정신적 고통뿐 아니라, 제3국에서 남한에 입국하는 과정에서 참혹한 충격을 받았고, 북한에서의 생활고를 경험하였다(김종군・나지영, 2011:38-40).

또한 북한이탈주민이 남한사회에 적응하는 과정에서 겪게 되는 문화적응 스트레스도 탈북과정에서의 트라우마 만큼 고통을 주는 것이다(김현경・전우택, 2009: 367-368). 문화적응 스트레스란 문화적응 과정에서 경험하게 되는 스트레스 행동의 특정한 경향이다(신행우외 4명, 2004:148). 남북한사회는 정치, 사회, 문화적으로 차이가 크고, 한국사회에서 자신들의 과거의 정체성과 문화를 유지하기가 어려운 상태여서 남북한 차이에 따른 문화적응 스트레스가 더 클 것으로 예상된다.

북한이탈주민은 문화적, 이념적 차이에 의한 문화적응 스트레스를 받고, 이에 따른 복잡한 정체성을 지니고 있다. 이러한 정체성의 문제는 자존감을 저하시키고 불안 우울의 정서적 문제를 야기시켜 남한사회에 안정적으로 적응하는 것을 어렵게 한다. 입국기간이 경과되면 트라우마보다는 문화적응 스트레스가 더 정신건강에 큰 영향을 미친다는 점(김현경 · 전우택, 2009:368)을 고려할 때 문화적응 스트레스를 관리하는 것도 북한이탈주민의 남한사회에 적응하는 데 중요한 지점이다.

북한이탈주민의 남한 적응을 돕기 위해 하나원과 하나센터에서는 적응 교육을 진행해 왔다. 하나원에서는 총 12주 420시간 동안, 정서안정 및 건강증진, 우리사회 이해 증진, 진로지도 · 직업기초능력훈련 교육을 실시하고 있다(신행우 외 4명, 2004:148). 또한 지역의 하나센터는 하나원의 교육을 이수한 북한이탈주민을 대상으로 지역에 적응하기 위한 초기적응교육을 60시간 이상 진행하고 있다(김선희, 2011:59).

그러나 북한이탈주민이 기존의 적응교육을 받았음에도 불구하고 어려움을 겪는다. 북한이탈주민의 남한사회에서 적응에 실패한 경우, 재이민을 가는 북한이탈주민이 나타나고, 재입북(동아일보 2012. 6. 29 정치면; 조선일보 2012. 11. 9. 정치면)하는 사례가 있어서, 효율적인 북한이탈주민의 적응 지원이 보완되어야 한다.

북한이탈주민을 위한 인문치료는 북한이탈주민들이 겪고 있는 심리적이고 문화적인 적응 문제를 고려한 프로그램의 필요성에 따라 문화적응 스트레스를 극복하고, 자신과의 내적 소통의 민감도를 증진하여 적응의 효율성을 높이는 프로그램으로 구성하였고, 강원서부하나센터의 초기적응교육과 함께 진행되었다.

북한이탈주민을 위한 인문치료 프로그램 '찾아가는 새터민학교'를 구성하는 데 현실적인 제한점이 있었다. 우선 북한이탈주민을 위한 인문치료의 배정시간이 4시간(2시간/2시간)이므로 북한이탈주민과의 관계형성의 시간이 충분치 않아서 북한이탈주민의 트라우마를 직접적으로 다룰 수 없었다. 북한이탈주민을 위한 인문치료에서는 트라우마를 직접적으로 다루지는 않았지만, 간접적으로 접근하고 지지하는 내용으로 인문치료를 구성하였다.

또한 '찾아가는 새터민학교'는 초기적응교육이었기 때문에 적응이라는 차원에서 프로그램을 구성해야 했다. 북한이탈주민이 남한에 적응하기 위해서는 새로운 문화에 적응하는 과정을 고려해야 한다. 새로운 문화에 적응하는 과정은 신혼기(Honeymoon period), 문화충격기(Culture shock), 초기적응기(Initial adjustment), 정신적 고립기(Mental isolation), 적응 및 통합기(Acceptance and integration)로 나눠볼 수 있다. 초기적응교육에 참여하는 북한이탈주민은 주로 신혼기, 문화충격기에 속해 있고, 교육 참여 시기나, 북에 두고 온 가족이 있는 경우 등 변수에 따라 초기적응기, 정신적 고립기에 있는 경우도 있었다. 북한이탈주민을 위한 교육, 인문치료는 새로운 문화 적응 마지막 단계인

적응 및 통합을 목표로 하게 되는데, 최근에 이르러, 재이민, 재입북의 부적응 사례들도 접할 수 있다.

'찾아가는 새터민학교'는 하나원의 교육 이후에 이루어지는 프로그램이므로, 하나원에서 남북한언어의 이질적인 요소에 대한 국어 교육이 충분이 이루어진 상태임을 고려하였다. 북한이탈주민들은 방송, 신문 등 일상어 속에서 이질적인 남한어에 대해 과도한 의식과 부담을 가지고 있어서 북한이탈주민을 위한 인문치료에서는 표면적으로는 남북한언어의 이질적인 요소에 대한 왜곡된 관점을 전환하고 남한어 학습에 따른 스트레스를 감소시키는 데 있다. 그러나 궁극적인 인문치료의 목표는 북한이탈주민의 적응에 대한 왜곡된 인지를 새로운 인지로 전환해서 초기 적응과정에서 문화적응 스트레스를 완화시키고 자신과의 소통의 민감도를 증진시키는 데 있다.

2. '찾아가는 새터민학교'의 이론적 배경

'찾아가는 새터민학교'는 인문치료 이론을 그 배경으로 한다.

인문치료란 인문학적 정신과 방법으로 마음의 건강과 행복한 삶을 위해 인문학 각 분야 및 연계 학문들의 치료적 내용과 기능을 학제적으로 새롭게 통합하여 사람들의 정신적 · 정서적 · 신체적 문제들을 예방하고 치유하는 이론적 · 실천적 활동이다. 인문치료에서 인문학 주축의 제반 관련 학문이 포함된다. 문학, 사학,

철학, 언어학, 종교학, 미학 등을 중심에 두고 인문학과 발생론적으로 한 뿌리였던 예술, 심리학, 의료인문학 등의 관련 학문들과 긴밀한 관련을 갖는다(강원대학교 인문과학연구소 편, 2011:20).

'찾아가는 새터민학교'는 인지모델과 은유모델과 의사소통심리학을 근거로 한다.

1) 인지모델

'찾아가는 새터민학교'는 인지모델을 근거로 한다. 인지모델은 사람들의 감정이나 행동이 어떤 사건에 대한 그들의 지각에 의해서 영향을 받는다고 가정한다(최영희・이정흠 역, 1997:26). 인지모델에서는 상황 자체가 중요한 것이 아니고 상황을 해석하는 방식이 중요하다.

인지모델을 근거로 하는 인지치료에서는 왜곡된 인지와 연관된 자동적 사고(최영희・이정흠 역, 1997:26), 감정, 신체적 증상을 살피고 왜곡된 인지개념화에 대한 근거의 합리성을 점검함으로써 새롭게 상황을 인지하게 돕는다. 북한이탈주민의 문화적응 스트레스 완화를 위한 인문치료에서 왜곡된 인지에 대한 새로운 해석을 하게 하는 것은 인지치료와 동일하다. 그러나 본고의 인문치료는 인지에 대한 근거의 합리성을 점검하는 방법이 아니라, 왜곡된 인지에 대해 새로운 해석을 할 수 있는 기회를 제공하는 것이다.

인지치료에서는 자신의 해석이 잘못된 것임을 알고 교정할 때

감정이 변한다고 하였다(최영희·이정흠 역, 1997:27). 본고의 인문치료에서도 인지치료에서와 같이 왜곡된 인지가 새로운 인지로 전환되면 문화적응 과정에서 오는 감정, 신체적 증상을 완화시킬 것으로 전제하였다.

〈표 1〉 '찾아가는 새터민학교'의 인지모델

새로운 해석		
왜곡된 인지	⇨	새로운 인지
스트레스 발생		스트레스 완화

인지치료에서는 상호협의해서 왜곡된 인지에 대한 합리성을 직접적으로 다루며 치료를 진행한다. 그러나 '찾아가는 새터민학교'에서는 내담자의 문제를 간접적인 접근을 통해 내담자가 자기주도적으로 자신의 문제를 탐색하도록 안내한다. 간접적인 접근이란 내담자의 심리적인 문제를 직접적으로 다루는 것이 아니라 간접적으로 남북한 언어에 대한 문제를 다루면서 궁극적으로는 내담자가 은유적 사고와 인문학적 상상력을 통해 언어의 문제를 자신의 남한사회의 적응 문제로 확장해서 해석하도록 하는 방법이다.

2) 은유모델

'찾아가는 새터민학교'에서의 언어는 로고스적이면서도 뮈토스적이다. 로고스가 이성의 언어, 과학의 언어라면 뮈토스는 신화의 언어, 인간의 언어 행위 전체를 가리키는 말이다(송병구, 2003:163). 로고스만으로 모든 현상과 사건을 설명할 수 없다. 뮈토스는 로고스보다 범위가 큰 언어로 세상을 묘사하고 감정을 표현하는 언어이다. 인문치료에서의 언어는 합리성 너머를 묘사하고 표현하는 언어를 포함하는 것으로 논리적이지 않아도 가능하다.

뮈토스의 언어인 은유는 인문치료에서 중요한 언어로, 은유적 사고로 확장하여 활용될 수 있다는 장점이 있다. 또한 은유는 표현성과 치유성을 지니고 있다.

은유는 그 사람의 기본적인 사고와 정서를 반영하고 있다. 은유를 통하여 표현된 내담자의 사고, 가치관, 세계관은 내담자의 상태를 진단할 수 있다. 리쾨르는 과학적, 논리적인 언어보다 비논리적인 언어표현인 은유에 의해 인간에 대한 이해를 더 잘할 수 있다고 하였다(정기철, 2002:12). 비논리적인 은유 표현은 직선적이고 논리적인 언어표현보다 안정되게 자기를 표현할 수 있다. 은유는 과학적이고, 논리적인 표현이 아니라, 간접적이고 우회적인 표현으로, 문제를 지닌 사람들에게 적합하여, 표현할 수 없었던 것을 표현하게 한다. 은유는 사람의 사고, 세계관, 가치관에 대한 표현을 촉진시키는 역할을 한다.

또한 사람들은 은유를 포함한 언어를 통해 자기의 사고, 가치관, 세계관을 표현할 뿐 아니라, 새로운 변화를 시도한다. 범주화를 깨고 새로운 타당한 범주를 찾아내는 것이 '은유의 힘'이라고 리쾨르는 말한다(정기철, 2004:72).

상상력은 일상적 담론 대상에 대한 사유의 직접적 지시를 의심하고, 새로운 방식에서 현실을 읽기 위한 모델을 제공한다. 예를 들어 이재무의 시 '국수'에서는 아내와 국수를 연결하여 아내와의 갈등과 화해의 과정을 국수 삶는 과정으로 대신한다. 생산적 상상력으로 국수와 아내 사이에 도식이 세워지고, 상상력이 국수와 아내의 같음과 다름의 상호 작용 속에서 발생하는 의미 발생 영역으로 전환된다(정기철, 2004:74). 국수는 이미 국수로서의 직접적 지시 의미만을 지니는 것이 아니라 아내, 아내와의 화해라는 새로운 영역의 의미를 읽을 수 있게 한다.

〈표 2〉 '찾아가는 새터민학교' 의 은유모델

생산적 상상력		
지시적 영역	⇨	새로운 의미 영역
남북한 언어문제 스트레스 발생		새로운 관점 제시 스트레스 완화

본고의 인문치료에서는 기존 범주를 깨고 새로운 타당한 범주를 찾아내는 은유의 힘을 활용하여 남북한언어 문제에서 남한사

회의 적응에서 오는 삶의 문제로 새로운 의미를 찾게 함으로써 문화적응 스트레스를 완화시켜주는 것이다.

3) 의사소통이론

'찾아가는 새터민학교'는 의사소통이론과 의사소통심리학을 근거로 한다(정성미, 2011:179-196). 지역초기 적응을 위한 인문치료의 두 번째 치료 목표는 건강한 소통과 소통의지의 고양으로, 몇 가지 원칙으로 프로그램을 구성하였다.

첫째 내적소통과 대인소통은 서로 영향관계를 지니는데, 내적소통과 대인소통 중에서 내적소통이 먼저 이루어져야 한다. 소통의 부재, 갈등의 문제를 접근할 수 있는 사람은 소통의 의지자가 '나'이기 때문이다. 또한 타인의 마음을 이해할 때 자신의 마음 상태를 공통의 프로세서로 처리함으로써 타인과의 소통이 가능해진다. 이런 점을 고려할 때 내적소통이 대인소통보다 선행되어야 한다.

둘째 문제에 접근하는 방법에 있어서 직접소통보다는 간접소통으로 접근하는 것이 필요하다. 간접적 소통방법은 주로 은유와 이야기를 활용해서 멀리서 시작하기이다. 간접적 소통방법은 약자를 보호하기 위한 소통방법이다.

셋째 정보와 관련하여 이해하기보다 표현하기가 우선되어야 한다. 이해하기는 자신의 문제와 관련된 정보를 받아들이는 것이고, 표현하기는 자신의 문제를 밖으로 드러내는 것이다. 표현하기를 통해 자신의 문제를 객관화시켜 바라봄으로써, 그 다음 자신의 문제와 관련된 정보를 효과적으로 받아들일 수 있다.

3. '찾아가는 새터민학교'의 실제

1) '찾아가는 새터민학교' 내용

(1) 치료 목적

'찾아가는 새터민학교'의 목표는 첫째 문화적응과정에서의 스트레스를 감소시키는 것이다. 적응 초기에는 남북한어의 이질적인 요소에 부담을 느껴서 우울해 지거나, 과도한 의지를 갖게 됨으로써 문화적응 스트레스를 유발하게 된다. 그러므로 인문치료 활동을 통해서 남북한의 이질적인 언어현상에 대한 바른 인지와 이 현상에 대한 북한이탈주민의 왜곡된 관점을 변화시키게 된다.

문화적응 스트레스를 받으면 남북한의 언어적응문제에 있어서 부정적 사고를 형성하여 부정적인 현상을 더 주목하는 경향성을 보일 것으로 예상된다. 남북한 언어의 차이를 더 주목하는 경향은 과도한 학습의지를 발생시키거나, 남북한의 이질적인 언어에 대한 과도한 부담감을 갖게 할 것이다. 이는 적응의지를 약화시켜 좌절하게 함으로써, 우울이나 자존감 상실 등 정신적인 문제를 야기할 것으로 예측된다. 남북한 언어의 이질적인 요소에 대한 왜곡된 관점을 전환하게 하면 남한어 학습에 따른 스트레스를 완화시킬 수 있다.

또한 은유적 사고를 활용해서 언어 문제에서 남한사회에 적응하는 삶의 문제로 확장하여 새롭게 해석함으로써 스트레스를 완화시키게 된다. 문화적응 스트레스 완화는 북한이탈주민이 정서적 안정감을 갖게 하여 남북한사회에 적응할 수 있게 돕게 된다.

둘째 목표는 자신에 대한 민감도를 높이는 것이다. 적응초기에는 적응해야 하는 주변 환경에 민감해지는 반면 자신에게는 민감도가 떨어진다. 자신에 대한 민감도를 통해 자신과 소통하게 하여 자신에게 있는 자원에 대해 바른 인지를 할 수 있게 한다. 그럼으로써 효율적으로 주변 환경에 적응할 수 있게 된다.

자신에 대한 민감도를 높이기 위해서 자기 감정과 몸의 상태를 인지하고 언어화하여 자기 정리와 객관화를 하게 한다. 또한 긍정적 자아를 찾도록 하여 자신감과 자존감을 강화시켜줌으로써, 궁극적으로 자아정체성을 발견할 수 있는 토대를 제공한다.

자신에 대한 민감도를 높이는 것은 자신을 잘 이해하게 해서 대인소통도 안정적으로 이루어지게 한다. 그러므로 내적 소통의 민감도는 대인소통에도 긍정적 영향을 끼쳐서 남한 사회에서 긍정적인 관계를 형성할 수 있게 한다.

자신에 대한 민감도는 탈북과정에서 있었을 트라우마에 대해서도 스스로 치유할 수 있는 자원이 된다. 북한이탈주민의 탈북과정에서 결핍, 상실, 자존감 손상, 자아정체성의 혼란 등 직면하기 힘든 고통을 겪었지만 이를 부정하고 방어나 보상 반응(김종군・나지영, 2011:38-40)을 보인다. 그러므로 간접적으로 트라우마에 접근하거나 트라우마를 스스로 치유할 수 있는 힘을 지원하는 것이 필요한데, 이런 면에서 내적소통의 민감도는 긍정적 영향을 줄 수 있다.

(2) 내용 구성

'찾아가는 새터민학교'의 내용은 치료 목적에 따라 문화적응 스트레스를 완화시키는 것과 의사소통 민감도를 높여서 자신의 감정, 신체적 상태를 인지하고, 자기가 남한사회에 적응에 필요한 자원을 점검하는 것으로 구성하였다.

문화적응 스트레스 완화를 위한 회기의 내용은 각각 도입, 실행, 통합단계, 새 방향 설정으로 구성되었다. 이 네 단계의 구성에서 도입 단계는 관계형성과 상징화의 단계이다. 이 단계에서 집단을 이루는 내담자와 관계 형성을 하며, 여기까지 오게 된 배경, 자기소개, 현재 감정, 프로그램에 바라는 점 등을 말하므로 자신의 현재 상태를 상징화해서 표현한다. 또한 한국판 희망척도를 통해 사전검사를 한다.

실행단계에서는 실제 치료목적에 부합하는 활동을 진행한다. 이 단계는 활동을 통해서 자신을 표현할 수 있는 단계이다. 말이나 몸짓, 동작, 노래, 그림으로 표현하는 것 자체가 이미 치료적 효과가 시작된 것이다(변학수, 2005:30). 본고에서는 남북한 어휘 중 동질적인 요소와 이질적인 요소, 교육을 통해서 습득한 남한 어휘 혹은 직접 체득한 남한 어휘를 신문에서 오려 붙이는 콜라주 작업을 하게 한다.

〈표 3〉 문화적응 스트레스 완화 내용 구성

단계	내 용	치료방법
도입	라포형성 및 초점화 기대감 표현하기 자기 별칭 짓기 조 이름 정하기(공동 기대 표현하기) 한국판 희망척도(사전검사)	표현하기 명명하기 초점화
실행	모르는 단어, 똑같은 단어, 몰랐던 알게 된 단어(콜라주)	선택하기 표현하기 지지하기
통합 단계	콜라주 작업 한 것을 서로 나누기 피드백하기 자기 느낀 점 이야기하기	
새방향 설정	나에게 격려하는 글쓰기 피드백하기	

통합단계에서는 많은 모호한 상징들이 구체적인 체험으로 바뀐다. 그러면서 과거를 이해하고 새로운 면을 통찰하기도 한다. 본고에서는 상징적인 콜라주 작업의 의미를 탈상징화하는 해석과정을 거쳐서 왜곡된 자신의 사고에 대해 통찰을 하게 한다(변학수, 2005:32). 본고에서는 콜라주에서 획득한 어휘를 통해 사고 유형에 대해 통찰하게 한다.

새 방향 설정 단계에서는 통합단계를 거친 내담자가 통찰과 사고의 변화에 의한 새로운 국면에 직면한다. 이 단계에서 새로운 방향을 설정하도록 유도하는 단계이다(변학수, 2005:30). 본고에서는 자신에게 편지쓰기를 통해서 문화적응 스트레스가 완화 후 새로운 방향을 설정할 수 있도록 돕는다.

〈표 4〉 내적 민감도 증진을 위한 내용 구성

단계	내 용	치료 방법
도입	지금 이 시간 자기 기분, 기대감 나누기 조 이름을 통해 집단 소망 확인하기 얼굴 근육 풀기, 몸 근육 풀기(집중하기)	명명하기 초점화 몸 관찰하기
실행	실행단계 감정 카드 보고 자기 표현하기 자기 기분 카드 찾기	감정 관찰하기 감정 표현하기 지지하기 명명하기
방향 설정	방향 설정단계 나누기	
새방향 설정	새 방향 설정단계 자기 기분을 문장으로 써 보기	
실행	실행단계 손가락 그리기 자기 장점 표현하기(콜라주-시각화)	자기 몸 관찰하기 자기 자원 표현하기 (시각화, 언어화) 지지하기 선택하기 명명하기
방향 설정	방향 설정단계 자기 장점 표현하기(언어화)	
새방향 설정	새 방향 설정단계 서로 칭찬 종이 돌리기 칭찬을 받고 칭찬을 큰 소리로 읽기 기분 나누기 한국판 희망척도(사후)	

의사소통 민감도 증진을 위한 두 번째 회기는 현실적인 시간적

제약으로 대인소통의 기본이 되는 내적 소통의 민감도를 높이는 것으로 내용을 구성하였다. 그러나 내적 민감도를 높이는 것은 대인관계에도 긍정적 영향을 준다. 자기 감정과 몸을 잘 인지하는 것은 비언어 표현 능력을 증진시켜 대인관계를 촉진하게 된다. 또한 자기 자원인 장점을 잘 인지하고 표현하게 하는 것도 대인관계에 자신감을 갖게 한다.

2) '찾아가는 새터민학교' 분석

(1) 콜라주 해석 방법

이 장에서는 두 회기 중에서 문화적응 스트레스 완화 회기에서 이루어진 남북한 언어 콜라주에 대해 해석할 수 있는 방법을 살펴보았다.

〈표 5〉 남북한 어휘 콜라주

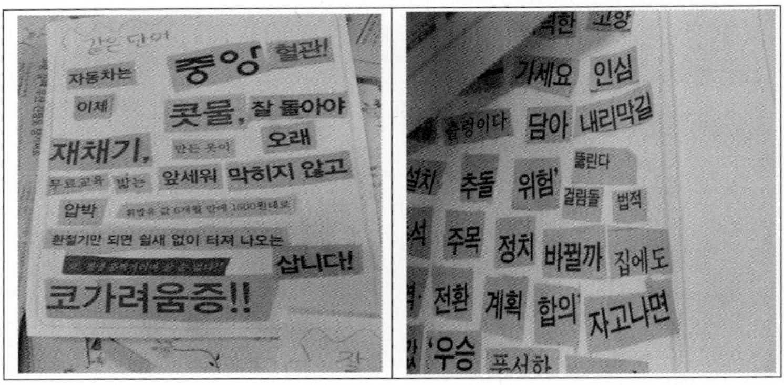

단어 콜라주 작업은 북한이탈주민이 초기적응과정에서 이질적

인 남한어에 대한 왜곡된 인지로 문화적응스트레스를 받는 점에 착안, 새로운 인지 변화를 통해 문화적응 스트레스를 완화시키는 작업이다. 단어 콜라주 진행 과정은 〈표 5〉와 같이 신문에서 이질적인 남북한어(잘 모르는 단어), 남북한의 동질적인 어휘, 새로 알게 된 단어를 각각의 종이 위에 오려 붙이게 한다. 단어의 양을 기준으로 한 유형은 〈표 6〉와 같다.

〈표 6〉 어휘의 양을 기준으로 한 유형

1유형: 다른 단어〉같은 단어〉새로 알게 된 단어
2유형: 다른 단어〉새로 알게 된 단어〉같은 단어
3유형: 같은 단어〉다른 단어〉새로 알게 된 단어
4유형: 같은 단어〉새로 알게 된 단어〉다른 단어
5유형: 새로 알게 된 단어〉다른 단어〉같은 단어
6유형: 새로 알게 된 단어〉같은 단어〉다른 단어

남북한어의 형태를 기준으로 한 이질적 양상을 고려하면, 동질성이 이질성보다 우위하므로 3,4유형이 정상적인 경우라 볼 수 있는데, 1,2유형처럼 잘 모르는 단어가 많이 선택된 경우는 고취된 적응의지를 엿볼 수 있는 결과라 볼 수 있다. 그러나 1,2유형은 자신이 지닌 자원(새로 알게 된 단어)이나, 언어적인 자원(동질성)에 대한 긍정적인 면이 부족해서 문화적응 스트레스가 클 것으로 보인다. 5,6유형은 자신이 지닌 자원에 대한 긍정적 시각을 보여 주지만 5유형의 경우는 이질성이 동질성을 앞서 있으므로 왜

곡된 인지를 보여준다.

단어 콜라주 작업에서는 왜곡된 인지를 좀 더 자세하게 살피기 위해 잘 모르는 단어에 대해 몇 가지 질문을 통해 탐색 과정을 갖게 한다. 북한이탈주민이 선택한 잘 모르는 단어는 주로 외래어와 한자어인데, 외래어의 경우는 지나치게 어렵거나, 신조어이거나, 상품명 등 꼭 인지를 하지 않아도 되는 경우가 많음을 이해시킨다. 이를 통해 북한이탈주민은 학습의 부담을 느끼는 어휘 모두를 학습할 필요가 없으며, 남한 사람들도 모르는 단어일 수 있음을 알게 함으로써 이질적인 남한어에 대한 부담을 덜어주게 된다.

현재 자신의 적응도를 보여주는 새로 알게 된 단어에 대해 새롭게 인지하도록 함으로써, 적응과 미래에 대한 희망적인 사고를 할 수 있게 한다. 마지막으로 잘 모르는 단어와 새로 알게 된 단어에 대해 개별적인 차이가 있음을 인지하도록 돕고, 자신이 모르는 단어를 알고 있는 다른 북한이탈주민에 대해 관계적인 의미를 되새기게 한다.

단어 콜라주 작업을 통해 모르는 단어에 대한 왜곡된 인지를 수정함으로써 문화적응스트레스를 줄이고, 긍정적인 자원인 동질적인 단어에 대해 환기시키며, 새로 알게 된 단어를 통해 현재 자신의 상태를 수용하고, 적응과정을 모르는 단어를 새로 알게 된 단어로 옮기는 것으로 시각화해서 바라봄으로써 적응 의지를 향상시킬 수 있다. 또한 북한이탈주민 간의 관계적 의미에 대해서도 새롭게 규명할 기회를 제공한다.

(2) 콜라주 결과 분석

콜라주 결과를 〈표5〉의 유형으로 분류하였더니 〈표6〉과 같다.

유형	인원수
1유형	1
2유형	2
3유형	5
4유형	2
5유형	1
6유형	0
	11

〈표 7〉 콜라주 결과 유형

6유형 중에서 3유형이 5명으로 가장 많았다. 2, 4유형이 각각 2명, 1, 5유형이 각각 1명, 6유형은 없었다. 3유형은 '같은 단어〉다른 단어〉새로 알게 된 단어' 순으로 남북한 언어의 동질적인 어휘 요소에 더 주목하는 경향을 보이는 것이고, 4유형도 남북한 언어의 동질적 어휘가 앞 선 것으로 3, 4유형의 내담자에게는 적응할 수 있는 어휘적 자원을 확인하게 하고 내담자의 긍정적 관점에 대해 지지함으로써 적응의지를 높혔다.

1, 2유형을 선택한 사람은 남북한의 이질적 어휘에 더 주목하는 경향을 보이는 것으로 지나치다 보면 적응에 따른 스트레스가 크게 발생할 수 있으므로 적응의지에 대한 부분을 지지하면서 남북한 언어의 동질적인 요소에 대해 관점을 전환할 수 있도록 도와

서 유연하게 적응할 수 있도록 했다. 그렇게 할 때 문화적응 스트레스를 완화 효과를 볼 수 있다.

5유형을 선택한 사람은 적응의 현재 시점에 주목하는 경향을 보이는 것으로, 이에 대해 지지해 주면서 이질적인 요소에 주목하는 경향은 동질적인 요소보다 앞 선 부분은 남북한 언어의 동질적인 요소에 대해 관점을 전환해서 스트레스를 완화시켰다.

일차적으로 언어에 대한 해석이 종료되면 내담자들에게 언어 문제를 남한사회의 적응 문제로 은유적 사고를 활용하여 해석하였다. 즉 같은 단어, 다른 단어, 새로 알게 된 단어 활동지가 내담자의 사고 중 동질성을 주목하는 관점, 이질성에 주목하는 관점, 적응 자체에 주목하는 관점으로 확대해서 해석하게 했다.

이러한 콜라주 활동은 남한사회에 적응하기 위해 노력하던 자신의 사고를 가시적으로 바라보게 함으로써 적응에 임하는 자신의 태도에 대한 통찰의 기회를 제공하게 된다.

콜라주 활동에서 이질적 어휘를 개별적으로 살펴보는 활동도 한다.

1) ㄱ. 혈전용해제, 국공립대, 불법총기류, 석차, 백분율, 접속
ㄴ. 해운대, 충무로
ㄷ. 아토피, 오픈, 글로벌, 스포츠, 조깅, 히터
ㄹ. 옵티마, 그랜저, 쏘나타, 아반떼, 게보린, 엡손 워크포스 DS-30 휴대용 스캐너
ㅁ. 에누리닷컴, 코레일, 공공원룸텔

ㅂ. 오네긴, 페리채, 르네셀, 코스피, 코스닥, 커넥션

1) ㄱ은 한자어이고 ㄴ은 고유명사이다. ㄷ-ㅂ은 외래어, 외래어를 포함된 신조어로, ㄷ은 빈도가 높은 외래어이고, ㄹ은 상품명이고, ㅁ은 외래어, 고유어가 혼합된 신조어이다. ㅂ은 그 뜻을 알기 어려운 단어, 구체적인 의미를 이해하기 어려운 어휘이다. ㅂ은 연령, 학력에 따라 남한사람이라 하더라도 단어를 모르는 사람도 많이 있다.

내담자들이 완성한 어휘들을 세부적으로 살피면서 상품명, 신조어, 남한 사람도 이해하기 어려운 외래어들이 많음을 설명함으로써 자신들이 꼭 익혀야 하는 이질적인 어휘 요소 중에서 일부는 몰라도 되거나, 남한 사람도 모르는 단어가 많음을 인지하게 한다. 이를 은유적 사고로 확장하여 적응을 위해 알아야 하는 많은 정보들 중에서 자신이 꼭 알아야 하는 정보는 그 일부에 해당되는 것임을 살펴 보게 함으로써 문화적응 스트레스를 완화시켰다.

3) '찾아가는 새터민학교' 사전 사후 검사 분석

'찾아가는 새터민학교'의 사전 사후검사로 Snyder와 동료들(Snyder, Harris et al., 1991)이 희망이론에 근거해서 개발한 12문항의 희망척도를 사용하였다.

희망은 다양한 삶의 영역에서 유능성(예, 학업; Snyder, Cheavens., &Sympson, 1997), 적응적 대처방식의 사용(예, Taylor & Armour,

1996), 유연한 긍정적 사고(Snyder et al., 1996; Snyder & McCullough, 2000), 긍정적 정서(Snyder et al., 1996)와 정적으로 연합된다. 또한 희망이 높은 사람들은 신체적 고통을 더 잘 인내하고(Snyder, Odle, & Hackman, 1999;Snyder, Taylor et al., 2001), 스트레스 반응에 대해서도 더 빠른 회복을 보인다(Ong, Edwards, & Bergeman, 2006)고 하였다. 그러므로 북한이탈주민을 위한 인문치료 이후에 문화적응스트레스를 완화할 때 미래에 대해 긍정적인 사고를 갖게 되는데 이를 평가하기 위해 Snyder 외(1991)의 희망척도를 활용하였다. 〈표 7〉은 한국판 희망척도의 설문지이다.

〈표 8〉 한국판 희망척도(K-DHS) 설문지

문항	분명히 아니다	거의 아니다	거의 그렇다	분명히 그렇다
B1. 나는 곤경에서 벗어날 많은 방법들을 생각할 수 있다.	1	2	3	4
C2. 나는 원기 왕성하게 목표를 추구한다.	1	2	3	4
D3. 나는 대부분 피로를 느낀다.	1	2	3	4
E4. 어떤 문제라도 길은 많이 있다.	1	2	3	4
F5. 나는 논쟁에서 쉽게 수그러든다.	1	2	3	4
G6. 나는 삶에서 나에게 중요한 것들을 얻을 많은 방법들을 생각할 수 있다.	1	2	3	4
H7. 나는 내 건강을 걱정한다.	1	2	3	4
I8. 다른 사람들은 절망할 때라도 나는 내가 문제를 해결할 방법을 찾을 수 있다는 것을 안다.	1	2	3	4
J9. 나는 과거 경험들로 인해 미래를 잘 준비하게 되었다.	1	2	3	4
K10. 나는 인생에서 꽤 성공적이다.	1	2	3	4
L11. 나는 늘 무엇인가를 걱정하고 있다.	1	2	3	4

M12. 나는 스스로 정한 목표를 따른다.	1	2	3	4

이 글의 사전・사후검사는 2011년 11월부터 적용하였으므로 사전사후검사를 한 북한이탈주민의 수는 12명이다. 그 결과는 〈표 9〉과 같다. 북한이탈주민을 위한 인문치료 활동 후 희망척도가 증가 사례는 12명 중 7명이고, 유지는 3명, 감소가 2명이다.

〈표 9〉 희망척도 사전 사후・검사 총점 비교표

조이름	이름	평가점수(48점)	비고
평화	가(사전)	33	증가
평화	가(사후)	37	
평화	나(사전)	36	증가
평화	나(사후)	38	
추억깊은시간	다(사전)	36	감소
추억깊은시간	다(사후)	34	
추억깊은시간	라(사전)	37	유지
추억깊은시간	라(사후)	37	
만남	마(사전)	35	증가
만남	마(사후)	38	
하나	바(사전)	34	증가
하나	바(사후)	45	
하나	사(사전)	33	유지
하나	사(사후)	33	
하나	아(사전)	38	증가
하나	아(사후)	40	
소중한만남의시간	자(사전)	42	감소
소중한만남의시간	자(사후)	41	
소중한만남의시간	차(사전)	43	유지
소중한만남의시간	차(사후)	43	

미래	타(사전)	30	증가
미래	타(사후)	38	
성공	카(사전)	39	증가
성공	카(사후)	43	

이를 막대그래프로 살펴보면 다음과 같다.

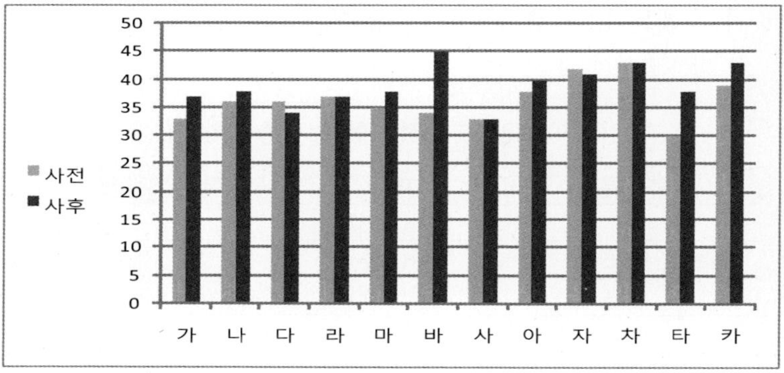

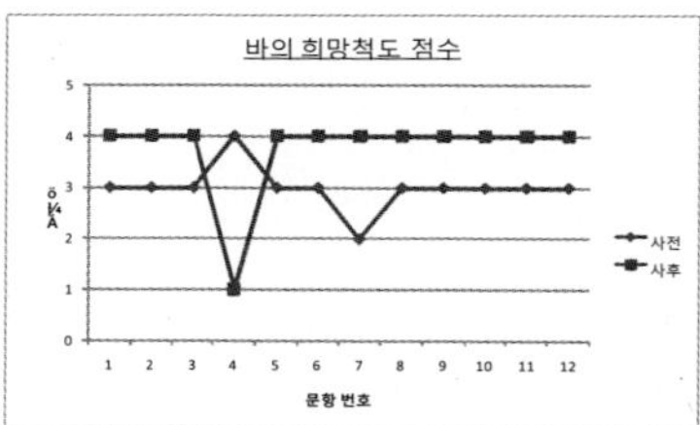

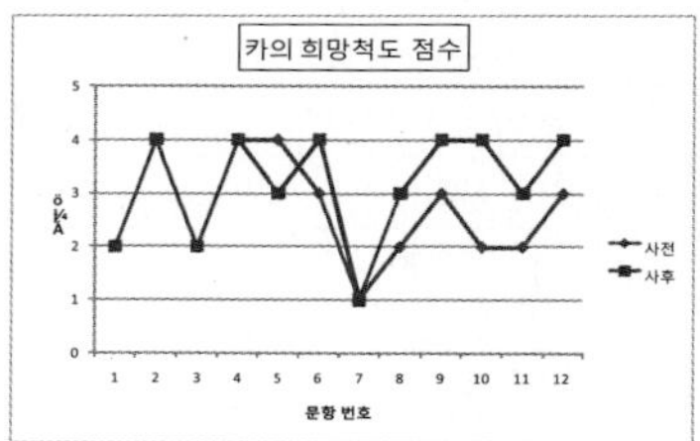

이 중에서 가장 긍정적인 변화를 보인 사례는 '바'와 '카'이다. '바'와 '카'의 사전, 사후 변화를 살펴보았다. 바는 4문항 문제해결 관련 문항에서 극심한 변화를 보여주고 있다. 4번 문항을 제외한 모든 문항은 모두 상승하였다. '카'의 경우는 1-4문항까지는 동일하고, 6, 8-12문항에서 상승하였다.

'다'의 감소된 개별 항목은 2, 4문항으로 목표와 문제해결력과 연관된다. '자'의 경우는 부정문항 11에서 감소하였는데, 걱정과 연관된 문항이다. '자'의 경우는 사전, 사후검사 지수가 북한이탈주민을 위한 인문치료의 내담자의 평균보다 높으나, '다'의 경우는 사후검사 지수가 평균보다 낮다. 그 원인은 알 수 없지만, 다른 집단원의 지수도 낮은 편이어서, 집단 내의 영향으로 볼 수도 있다.

4. 결론

북한이탈주민을 위한 인문치료 프로그램 '찾아가는 새터민학교'는 문화적응 스트레스를 감소시키고, 의사소통 민감도를 증가시켜서 북한이탈주민의 초기적응을 돕는 것을 목적으로 한다. 문화적응 스트레스를 완화를 위한 인문치료는 인지모델과 은유모델, 의사소통심리학을 근거로 구성되었다.

콜라주 활동을 통하여 남북한언어의 이질성에 대한 왜곡된 인지를 수정하여 남북한어의 동질성에 대한 인식을 새롭게 하였고, 은유적 접근으로 언어문제에서 남한사회에 적응하는 삶의 문제로 확장하도록 사고를 유도하였다. 그 과정은 도입, 실행, 통합, 새로운 방향 설정 단계로 진행되었다.

콜라주 활동 결과를 어휘의 양을 기준으로 해서 6가지 유형으로 분류하였고, 남북한언어의 이질성과 동질성에 대한 해석을 유도하였다. 또한 잘 모르는 단어에 대한 탐색 과정을 통해 이질적인 남한어 학습에 대한 부담감을 경감시켜 주었다. 또한 새로 알게 된 단어에 대한 탐색을 통해 적응과 미래에 대한 희망적인 사고를 유도할 수 있었다. 마지막으로 모르는 단어와 알게 된 단어가 서로 다름을 통해 내가 모르는 단어를 알고 있는 타인에 대한 의미를 새롭게 해서 관계적 의미를 되새기게 했다. 콜라주 활동은 남한사회의 적응 과정을 가시적으로 바라보게 함으로써 적응에 임하는 자신의 사고에 대한 통찰의 기회를 제공할 수 있었다.

'찾아가는 새터민학교'의 사전 사후검사는 희망척도를 활용해서 비교분석했으며, 12명 중 7명이 희망척도지수가 향상되었고, 3명이 유지되었고 2명이 감소하였다. 본고의 희망척도의 분석이 프로그램 종료 후에 이루어져서 척도수치가 유지 또는 감소된 원인을 규명하지 못한 한계를 지닌다.

참고문헌

강원대학교 편(2011), 『인문치료의 이론과 원리』, 산책.

곽정래(2011), 「북한이탈주민의 커뮤니케이션 활동이 사회적 가치 수용과 삶의 질 평가에 미치는 영향에 관한 연구」, 『한국언어학보』 55권 3호, pp. 219-247.

김선희(2011), 「북한이탈주민 사회적응의 패러다임 전환의 요청」, 『강원대 건국대 공동학술대회 발표집』, pp.53-66.

김성민・박영균(2010), 「분단의 트라우마에 관한 시론적 성찰」, 『시대와 철학』 제21권 2호, pp.16-49.

김종군・나지영(2011), 「탈북 트라우마의 양상과 치유 방안」, 『강원대 건국대 공동학술대회 발표집』, pp.34-52.

김현경・전우택(2009), 「북한이탈주민의 삶의 질이 외상 경험 이후 심리적 성장에 미치는 영향」, 『사회복지연구』 Vol.40(2), pp.363-397.

송병구(2003), 「뮈토스와 로고스」. 『종교와 문화』. 서울대학교 종교문제연구소. pp.163-178.

신행우 외 4(2004),「이 문화권내 적응과 스트레스 대처양식: 북한이탈주민 남한문화 적응의 관점에서」,『한국심리학회지: 사회문제』 Vol. 10, 1. 한국심리학회. pp. 147-163.

이동형・임정섭(1997), 「한국판 희망 척도의 개발 및 타당도 연구」, 『학생생활연구』 제24집, 충남대학교 학생생활연구소. pp.85-108.

장명선(2010), 「북한이탈주민여성의 생활실태 및 사회통합을 위한 연구」, 『평화학연구』 제11권 제4호, pp.361-362.

정기철(2002), 『상징, 은유 그리고 이야기』, 문예출판사.

최유희(2008), 「희망척도의 타당화 연구」, 가톨릭대학교석사학위논문.

최영희・이정흠 역(1997), Judith S. Beck, Ph.D., 『인지치료』, 하나의학사.

Lakoff & Johnson(1980), 노양진 · 나익주 역(2008), 『삶으로서의 은유(수정판)』, 박이정. Snyder, C. R., Harris, C., Anderson, J. R., Holleran, S., Irving, L., Sigmon, S., Yoshinobu, L., Gibb, J., Langelle, C., & Harney, P.(1991). The will and the ways: development and validation of an individual difference measure of hope. Journal of Personality and Social Psychology, 60, 570-585

* 이 글은 필자의 논문 「북한이탈주민의 문화적응 스트레스 완화를 위한 인문치료」『어문론집』 제52호(2012)를 수정 · 보완한 것이다.

고전과 영화를 활용한 자활참여자 인문치료

최 병 욱

1. 들어가며

『희망의 인문학』의 저자 얼 쇼리스는 "빈민은 열악한 환경과 불운이라는 포위망에 둘러싸인 사람들이다. 포위망에 갇히면 할 수 있는 일이란 생존을 위한 즉각적 대응밖에 없다. 하지만 즉각적 대응 대신 반성적이고 성찰적인 사고를 할 수 있게 된다면 삶이 달라질 것"이라고 하였다.

인문치료는 자활참여자에게 맞춤 인문학 교육 방법을 활용하여 자신의 삶에 대해 성찰하고 미래에 대한 비전과 희망을 고취시킴으로써 마음의 치유와 행복감의 증진을 유도하고 있다. 인문치료는 단순히 미학적, 윤리적 차원의 인문학 교육이 아닌 자활참여자들이 적극적이고 효율적이며 능동적인 경제·사회활동을 할 수 있도록 그들의 마음을 잡아주는 실용적 학문이라고 할 수 있다.

자활참여자들에게 가장 중요한 것은 삶에 대한 성찰과 긍정적 시각일 것이다. 자활참여자들이 단순히 복지 혜택의 수급자로서 설정하고 베푸는 식의 자활개념은 이제 적극적으로 바뀌어야 할 것이다. 이 글은 자활참여자들이 자신의 삶에 대해 진지하게 성찰해 보고 행복한 미래를 위해 삶을 보다 긍정적으로 살아가기 위한 목적으로 필자가 2013년에 강원도 모지역 자활센터에서 실시한 인문치료 프로그램 활동을 바탕으로 하였다.

2. 『채근담』과 〈127시간〉 : 고전과 영화 텍스트로서의 적절성

고전은 말 그대로 오래도록 사라지지 않고 널리 읽히는 책이다. 그 속에 담긴 지혜는 얼른 알아챌 수는 없지만 세월이 지날수록 그 진가를 발휘하는 힘을 가지고 있다. 그 중의 하나가 바로 『채근담(菜根譚)』이다. 『채근담』은 중국 명나라 사람 홍자성(洪自誠)이 지은 것으로 알려져 있다. '알려져 있다'라는 말처럼 홍자성에 대해서는 우리나라로 보자면 조선 선조 때에 살았던 사람일 것으로만 알려져 있지 다른 어떤 인물정보도 없다. 단지 그가 입신출세와는 거리가 멀었고 오직 어렵게 살며 공부만 했을 것으로 추정하고 있다. 홍자성은 청렴한 생활을 하며 인격수양을 게을리 하지 않았으며 인생에서 온갖 고생을 체험하면서 우러난 주옥같은 명언을 『채근담』에 담아냈다.

평범한 이야기지만 진실됨을 담고 있는 『채근담』은 동양의 탈무드 혹은 동양의 팡세라고 불린다. 짧고도 간결한 아름다운 글들로 이루어진 『채근담』에는 유가, 도가, 불가의 가르침에서 얻은 저자 홍자성의 깊이 있는 삶의 지혜가 담겨 있다. 이 책은 평범한 우리네 삶에 가장 밀접한 생활 철학서로 꼽히는 책이다.

인생의 교훈과 처세를 전하는 책으로 동양적 인간학이라고 할 수 있는 『채근담』은 전집과 후집으로 나뉜다. 전집 225수와 후집 134수로 총 359수이지만 글이 아주 짧고 간결한 미문으로 이루어져 있다. 명나라 때 홍자성이 지은 판본 이외에 역시 그의 이름으로 알려진 홍응명(洪應明)이 지은 청나라 건륭 시기의 판본도 있다. 홍응명이 지은 판본은 수성(修省), 응수(應酬), 평의(評議), 한적(閑適), 개론(槪論) 등 다섯 부분으로 나뉜다.

'채근(菜根)'이라는 말 자체도 독특하다. '채근'은 주희가 편찬한 『소학(小學)』「선행(善行)」편에 나오는 말인데, 송나라 학자 왕신민(汪信民)의 말을 인용하고 있다. 왕신민은 "사람이 언제나 나물뿌리를 씹을 수 있다면 모든 일을 이루게 될 것이다(人常能咬菜根卽百事可成)"라고 하였다. 이 말은 나물뿌리와 같은 보잘 것 없는 음식을 먹고 사는 가난한 삶 속에서도 인생의 참된 맛을 찾아내고, 또 그 가운데 겪게 되는 온갖 어려움을 잘 견디어낸다면 어떠한 일이라도 해내지 못할 것이 없다는 뜻이다.

따라서 고단한 인생을 슬기롭게 극복하고 밝은 미래를 설계하는 데 좋은 지침이 되는 글들의 모음인 『채근담』은 자활참여자가 자신의 마음을 살펴보고, 자기 행복에 대해 성찰해보는 좋은 고전 텍스트라고 할 수 있다. 물론 『채근담』이 자활참여자에게 활용될 수 있는 것만은 아니다. 이 책은 부유한 사람에게는 경계하게 하고, 가난한 사람에게는 기쁨을 주며, 성공한 사람에게는 충고를 주고, 실의에 빠진 사람에게는 희망을 주어 많은 사람들의 마음 치유에 보탬이 되는 고전이라고 할 수 있다.

영화 〈127시간〉은 아론 랠스턴의 실화를 바탕으로 한 영화로 2003년 등반 도중에 조난당해서 구사일생으로 살아나온 내용이다. 그는 항상 혼자서의 등반은 있어왔지만, 이때만큼은 생각하지 못한 사고를 당한다. 암벽 사이에서 떨어진 돌덩어리와 암벽 사이에 오른손이 짓눌려 빠지질 않는 상황에 처하게 된다. 이후 127시간 동안 아론은 지나온 순간들과 가족의 모습들을 생각하며 결국 자신의 팔을 자르고 그곳을 탈출한다.

아론 랠스턴은 가족, 그리고 친구와의 관계도 좋지 않은 편이었다. 언제나 개인주의적이고 자신이 늘 먼저였던 사람이었다. 그래서 그는 등반을 할 때엔 누구에게도 알리지 않고 늘 혼자 다녔다. 그는 암벽 사이에 오른손이 짓눌린 127시간 동안 자기가 현재 이렇게 된 것은 결국 과거 자신의 행동과 선택으로 이렇게 되었다고 생각했다. 결국 그는 과거의 이기적인 자신의 행동의 결과물인 돌덩어리에서 탈출하여 새로운 삶을 시작한다. 죽음을 넘나든 이후 그는 달라진 자신의 인생을 언제나 경외하는 마음으로 바라보고 있다고 한다.

〈127시간〉 영화 프로그램의 목적은 평소 우리가 고마움을 느끼지 못했던 가족, 친구, 자연 등 주변의 모든 것에 대해 감사하자는 것이다. 우리들은 아론 랠스턴이 절벽 사이에 갇혀 있던 127시간 동안 아침 8시 반이면 주인공 위로 나는 까마귀의 그림자를 보면서, 하루 15분 동안 짧게 머무는 햇볕에 주인공이 발을 담그는 모습을 보면서, 자연의 아름다움이 얼마나 찬란하고 고마운지 느낄 것이다.

또한 허공에서 떨어지는 빗방울에 혀를 담그는 모습을 보노라면 자연의 은혜가 얼마나 감미로운지 느낄 것이다. 주인공이 팔을 자르고 탈출하는 과정에서 벼랑 끝에 누군가 박아둔 볼트를 만났을 때 그것에 대고 키스를 하는 모습을 보면서 어떤 느낌이 드는가. 우리는 혼자 살아갈 수 없는 존재이다. 내가 살아가는 데 고마운 존재들인 가족, 친구, 그리고 나를 둘러싼 모든 것들. 그냥 옆에 있어서 있는가보다 생각했지만 결국 그들 없이는 난 존재할 수 없는 존재이다.

〈127시간〉 영화 프로그램의 또 다른 목적은 자신의 과거를 성찰해 보고 살아있는 동안에는 포기하지 말고 꿈과 희망을 가지고 행복한 삶을 살자는 것이다. 영화 〈127시간〉은 실화를 바탕으로 한 영화라는 점에서 자활참여자들이 좀 더 깊게 자신의 내면을 성찰해 볼 수 있는 장점이 있다. 또한 자신의 후회스런 삶에 대한 압축된 과거의 모습이 돌덩어리로 설정된 상황, 새로운 자아를 위한 결단의 모습이 팔을 절단한다는 상황, 그리고 이후 주인공의 새로운 삶의 모습은 자활참여자들이 자신의 과거와 현재 그리고 미래에 대해 성찰해 볼 수 있는 좋은 영화 텍스트라고 할 수 있다.

3. 자활참여자 인문치료 프로그램 : '행복, 긍정, 그리고 꿈'

이 프로그램은 2013년 강원도 모지역 자활센터에서 3회기를 바탕으로 하여 실시한 것이다. 회기별 프로그램의 주제와 활동은 다음과 같다.

〈자활참여자 인문치료 프로그램〉

회기	주제	활동	비고
1	행복	– 음악을 통한 정서적 안정(민요 '도라지' 감상) – 자활참여자들이 『채근담』을 통해 스스로의 마음을 살펴보고, 자기 행복에 대해 깨닫는 시간을 갖는다. – 행복에 관한 '콜라주' 활동	『채근담』
2	긍정	– 〈127시간〉을 단편적으로 보고 함께 이야기하기 – '미니저널' 활동 ; 내 생애 가장 후회스러웠던 점, 가장 고마운 존재는 무엇인가?	영화 〈127시간〉
3	꿈	– 내 삶의 행복의 이상을 정하여 제목 만들기 – 내 인생의 최고 행복한 그 순간 구체화하기 – 상상으로 그려진 모습을 시 형식으로 표현하기	'체베나' 시 쓰기

1) 1회기 : 행복

먼저, 『채근담』에 대한 간단한 소개와 함께 음악을 통한 정서적 안정을 유도하기 위해 우리 민요 〈도라지〉를 배경음악으로 설정하였다. 〈도라지〉는 1회기 고전 텍스트인 『채근담』과도 잘 어울리며 〈도라지〉민요의 내용 역시 일터에서 흥겨움을 돋우기 위해 불렀던 노래이기 때문이다. 『채근담』의 구절을 통해 자활참여자들이 스스로의 마음을 살펴보고, 자기 행복에 대해 깨닫는 시간을 가졌다. 또한 각 구절에 대한 흥미로운 역사 속 옛 이야기들을 끌어들임으로써 관련 구절에 대한 스스로의 성찰에 이해도를 높이려고 했다.

① 마음이 흔들리면 활의 그림자도 뱀으로 의심하고, 누워 있는 바위도 엎드린 호랑이로 보이니, 이럴 때에는 모두가 살기(殺氣)다. 마음이 고요하면 석호(石虎) 같은 사람도 바다의 갈매기로 만들고, 개구리 울음 소리도 음악으로 들리니, 이르는 곳마다 참된 기틀을 보리라.

; 마음 따라 만물이 흔들리게 마련이다. 득실(得失), 시비(是非), 이해(利害), 영욕(榮辱) 등에 흔들리지 않기 위해서는 자기 자신의 마음 챙김이 중요하다고 할 수 있다.

옛날 중국 진(晉)나라 때 악광(樂廣)이란 재상이 있었다. 어느 날 한 친구가 그에게 찾아와 "임금이 내린 술잔에 독사의 그림자가 어른거렸는데 억지로 마셨더니 병이 들어 꼼짝도 못했다"는 것이었다. 그는 생각나는 바가 있어 벽에 활을 걸어놓고 친구에게 술을 따라주며 술잔을 보게 하였더니 친구가 또 독사의 그림자가 보인다고 했다. 악광이 활을 치우고 친구에게 술잔을 다시 보라 하니 독사 그림자가 보이지 않았다. 결국 악광의 친구가 본 독사는 활의 그림자일 뿐이었다.

② 자신의 마음이 항상 원만하면 천하는 저절로 결함 없는 세계가 될 것이요. 내 마음이 항상 너그럽고 평화로우면 천하에서 저절로 사나운 인정이 사라지게 될 것이다.

; 모든 것이 내 마음에 달려 있다. 나의 마음이 편안하면 가족들도 편안하고, 타인과의 관계도 무탈하다. 나의 마음이 안정되지 못하면 가족 구성원도 불안하고, 사회생활도 원활하지 못하게 된다.

풍수설로 유명한 무학대사는 이성계를 도와 조선 개국에 큰 영향을 끼친 인물이다. 고려의 수도 개성에서 조선의 새로운 수도 한양으로 천도를 주장한 인물이기도 하다. 조선 태조 이성계가 한번은 술자리에서 무학대사에게 농담을 걸었다. "오늘따라 대사님 얼굴이 꼭 돼지 같습니다 그려. 허허" 그러자 무학은 웃으며 이렇게 대꾸했다. "저의 눈에는 전하의 용안이 부처님처럼 보입니다" 라고 하였다. 태조는 무학의 말에 놀라며 그 이유를 물었더니, 무학은 "돼지 눈에는 돼지만 보이고, 부처님 눈에는 부처님만 보이게 마련입니다"라고 하여 태조를 무안하게 했다.

③ 명아주국으로 입을 달래고 비름나물로 창자를 채우는 사람은 얼음처럼 맑고 옥처럼 깨끗한 사람이 많고, 비단 옷을 입고 기름진 고기를 먹는 사람은 남에게 굽신거리고 아첨하는 종노릇을 달게 여긴다. 지조는 담박하면 밝아지고, 절개는 사치를 탐내면 잃게 된다.

; 하나를 얻으면 더 얻고 싶은 게 사람의 마음이다. 가난은 함께 할 수 있지만, 부귀는 같이 할 수 없다는 말이 있다. 어려울 때는 서로 돕게 되지만, 부유해지기 시작하면 더 많은 것을 얻고 싶어 한다. 국민소득 2만 달러에 진입한 한국사회가 더욱 타인에게 냉정하게 변하게 된 것도 이와 다르지 않다.

조선 현종 때 공조 참판을 지낸 김좌명(金佐明)에게 똑똑한 하인이 있어 아전을 시키고 부잣집에 장가들도록 주선해 주었다. 그런데 하루는 그 하인의 어머니가 아들의 벼슬을 떼어 달라고 애원하였다. 이상하게 여긴 김좌명이 그 까닭을 묻자, 그의 어머니는 "아들이 예전에는 보리밥, 시래기국도 달게 먹었는데 부잣집에 장가든 후부터는 뱅어국도 맛이 없다고 합니다. 이러다가 아들이 잘못될 까 두렵습니다"라고 하였다.

④ 사람이 한 번 사적인 욕심을 채우기에 마음을 쓰면 꿋꿋한 기상도 녹아 우유부단해지고, 지혜가 막혀 어리석어지며, 어진 마음이 변하여 사나워지고, 깨끗함이 물들어 더러워지니 평생의 인품을 망가뜨리게 된다. 그러므로 옛 사람들은 탐욕을 부리지 않는 것을 보배로 삼았으니, 이것이 곧 세상을 초월할 수 있는 방법인 것이다.

; 고려 고종 때 노극청(盧克淸)이란 사람은 욕심이 없기로 유명했다. 집이 가난하여 그의 아내가 돈 12근에 집을 팔았다. 이 사실을 알고 집을 구매한 현덕수(玄德秀)를 찾아가 3근을 돌려주면서 이렇게 말했다. "내가 이 집을 9근에 샀는데 선비된 자로서 3근을 더 받을 수 없소"라고 하여 현덕수는 세월이 가면 집값이 오르게 마련이니 그냥 받아두라고 했다. 노극청은 3근 때문에 탐욕을 부렸다는 소리를 듣고 싶지 않으니 받기 싫으면 물리겠다고 했다. 현덕수는 어쩔 수 없이 3근을 받으며 그 돈을 절에 시주하여 좋은 일에 쓰자고 했다.

⑤ 가난한 집일지라도 깨끗이 청소하고, 가난한 집 여인도 깨끗이 머리를 빗으면, 그 모습이 비록 화려하지는 않더라도 절로 기

품이 있어 아름다워 보인다. 그러니 군자가 한때 곤궁과 적막함을 당한다 할지라도 어찌 자포자기할 수 있겠는가?

; 가난한 집이라도 주위를 항상 깨끗이 하고 사람을 맞이하는 것이 지조를 잃지 않고 기품이 있어 보인다. 『논어』에는 '쇄소응대(灑掃應對)'라는 말이 있다. 물 뿌리고 비질한 후에 사람을 대하듯, 먼저 나부터 살펴 단정히 한 후에 세상과 대면해야 한다는 말이다.

가난하지만 지조를 지키고자 했던 옛 사람이 있었다. 조선 정조 때 명재상이었던 채제공(蔡濟恭)은 어려서 집안이 가난하여 지필묵을 얻고자 안면이 있는 재상집에 가 부탁하였다. 재상은 젊은 친구의 기개를 높이 사 지필묵을 마련해 주었더니 채제공은 "이왕 주실 바에는 하인에게 들려 보내주십시오"라고 하여 사대부의 지조를 드러내었다. 이렇게 하여 하인을 동반한 체재공이 문밖을 나서는데, 그의 등에서 개가죽이 떨어졌다. 개가죽은 천민들이 추위를 막기 위해 등에 넣고 다녔는데, 채제공은 그것도 남의 것을 빌려 입은 것이었다. 누가 봐도 무안할 상황에서도 채제공은 하인에게 소리치며 "무엇하느냐! 내 개가죽이 떨어졌으니 어서 내 등에 다시 넣어라"라고 하였다.

⑥ 일이 조금 뜻대로 안 될 때에는 나보다 못한 사람을 생각하면 원망하는 마음이 스스로 사라질 것이요, 마음이 조금 게을러질 때에는 나보다 나은 사람을 생각하면 스스로 분발하는 마음이 일어나게 될 것이다.

; 누구나 힘든 상황에 부닥친 경험이 있을 것이다. 혹은 하고자 하는 일에 매번 실패하는 경험을 겪었던 일이 있을 것이다. 그 때

마다 스스로 자책하거나 자신의 처지를 원망하는 것 보다 자신보다 힘든 사람이나 자신보다 나은 사람을 생각하면서 스스로 분발해야 할 것이다.

⑦ 노래 잘하는 기생이라도 나이 들어 한 명의 남편을 따르면 평생 분 냄새 풍기던 생활도 마음에 거리낌이 없을 것이다. 정조가 있는 부인이라도 머리털이 하얗게 세어서 정조를 잃으면 반생애 깨끗하게 애쓴 것도 모두 헛일이 되고 만다. 사람을 보려면 그 후반생을 보라 했으니 참으로 사리에 맞는 말이다.

; 사람을 보려면 그 인생의 후반부를 보라고 했다. 그렇다고 명성이나 돈으로 성공한 삶을 얘기하는 것은 아니다. 비록 어긋나는 삶을 살았다고 하더라도 후반부에 어떻게 사는가에 따라 행복한 삶이 될 수도 그렇지 않을 수도 있는 것이다.

⑧ 세상은 영원히 존재하지만 이 몸은 두 번 태어나지 못하며, 인생은 단지 백 년이라 이 날은 쉽게 지나가 버린다. 다행히 그 사이에 태어난 몸이 삶의 즐거움을 모르면 안 되며, 또한 아무 보람 없이 사는 것을 걱정해야 한다.

; 인생은 두 번 오지 않는다. 그것은 누구나 아는 명제이지만 우리는 깨닫지 못하면서 살고 있다. 즐겁게 살아야 한다. 기쁘게 살아야 한다. 그리고 타인과 관계를 이루며 행복하게 살아야 한다.

⑨ 사람이 모든 것을 갖출 수도 있고 갖추지 못할 수도 있는데, 어찌 저 혼자만 모든 것을 갖출 수 있겠는가. 내 마음에도 순할 때가 있고 순하지 않을 때가 있는데 어찌 남이 모두 순하기를 바라겠는가. 이런 것을 서로 살펴 균형을 이루어나간다면 이 또한

세상을 살아가는 좋은 방법이 될 것이다.

; 타인과 서로 균형을 이루는 삶이 세상을 사는 방법이다. 타인을 이해하고 배려하고 자기를 좀 더 낮추고 더불어 살아가는 삶이 진정한 공동체 속에서의 자신의 행복한 삶을 추구하는 것은 아닐까.

채근담에 대한 구절들과 이에 관련된 이야기들을 함께 함으로써 진정한 행복에 대해 생각해 보는 시간을 마련해 보았다. 필자는 자활참여자들의 인원을 고려하여 5개의 조로 나누어 각 조별로 '내가 생각하는 행복이란' 무엇인가에 대해 생각해보고 주제를 선정하게 하였고, 조별로 발표하는 시간을 가졌다. 콜라주 활동 초기에는 어떻게 할지 몰라 망설이기도 했지만 곧 서로 함께 의논하여 주제를 선정하고 신문과 잡지에서 주제에 맞는 글과 그림을 오려붙이면서 왁자지껄하고 들뜬 시간을 가졌다. 아래는 각 조별로 활동한 '행복' 콜라주 활동이다.

1조 : 나눔

1조의 주제는 '나눔'이었다. 1조는 참 즐거운 인생이란 과연 무엇인가 생각해 보았다고 했다. 많이 가지고 있고 예쁘고 잘났어도 나누지 않으면 우울한 얼굴이 되고 조금만 가지고 있어도 나눈다면 행복한 얼굴이 된다고 하였다. 1조는 이웃을 사랑하고 나눔의 온도를 높이는 것이 입으로만 할 것이 아니라 실제로 행동하면 사랑이 결국 희망이 된다고 하였다. 1조는 도시락 팀으로서 어려운 이웃에게 도시락을 배달해주는 자활사업팀이다. 도시락 배달을 통해 나눔을 실천하고 그것을 통해 행복을 느낀다고 하였다.

2조 : 행복

2조의 주제는 '행복'이었다. 행복이라는 주제 아래 각자의 생각을 담아 보았다. 멋진 자동차를 가지는 것 보다 건강한 삶이 행복한 삶이라고 하였다. 하루에도 몇 번이고 울고 웃는 모습을 하지만 더 행복하게 웃는 모습을 지으면서 행복을 만들어가겠다고 했다. 또한 밝아오는 태양 빛은 우리 자활식구들에게 비치는 빛이므로 그 빛을 받아 행복을 만들어 보겠다고 했으며, 젊은 날의 화려함보다는 남을 위해 봉사하는 마음으로 살아야겠다고 했다.

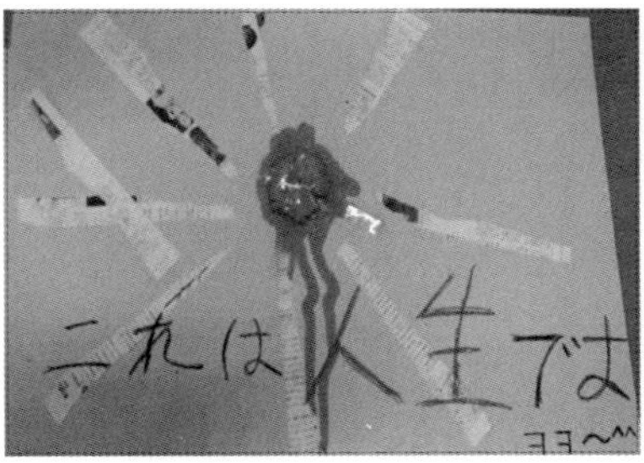

3조 : 이것이 인생이다

3조의 주제는 '이것이 인생이다'였다. 결국은 살다보니 이렇게 되었다고 했다. 일그러진 귤처럼 인생이 이렇게 되었다고 서로 웃었지만 그 웃음 속에는 많은 인생 역정이 담겨져 있었다. 3조 자활참여자들은 비록 지금까지의 인생이 귤처럼 찌그러지고 말았지만 이것을 계기로 좀 더 행복이 확산되기를 서로 바랬다.

4조 : 함께 만드는 행복

4조의 주제는 '함께 만드는 행복'이었다. 축구 선수의 사진은 함께해서 승리하여 기뻐하는 모습을 담았다고 했다. 먹는 사진도 혼자보다는 둘이서 먹는 모습이 행복해 보이며, 동전모아 이웃사랑 실천도 혼자가 아니고 함께 여서 많은 성금을 모을 수 있고, 자전거도 가족과 함께여서 행복한 모습이며, 말도 가족과 함께 타는 것이 행복이라고 했다. 독창보다는 합창이 함께여서 더욱 아름다우며, 좋은 옷을 입는 것도 혼자보다는 함께해서 더 행복하고, 꽃도 한 송이 보다는 여러 송이가 필 때 더 아름답다고 했다. 4조는 그래서 함께하는 행복을 만들어보았다고 했다. 또한 이들은 함께하는 자활공동체를 만들어 더욱 행복한 삶을 만들어가겠다고 다짐했다.

5조 : 행복

5조 역시 2조와 마찬가지로 주제는 '행복'이었다. 행복하려면 잘 먹어야 하고, 잘 입어야 하고, 종교적 삶을 추구하는 것도 행복한 삶이라고 했다. 2014년도에는 떠오르는 태양처럼 밝게 살겠으며, 행복해야겠다는 꿈은 반드시 이루어질 것이라고 했다.

2) 2회기 : 긍정

영화 〈127시간〉을 통해 평소 우리가 고마움을 느끼지 못했던 자연, 동물, 가족, 친구 등 주변의 모든 것에 대해 감사하는 마음을 느끼고자 하였다. 또한 우리 모두가 살아있는 동안에는 포기하지 말고 희망을 가지고 이겨내자는 목적이 있었다. 필자는 영화를 크게 네 장면으로 나누어 그 내용을 설명하면서 함께 감상하였다.

장면 1 : 혼자 계곡 등반을 하다가 돌과 함께 계곡 밑으로 떨어짐 → 가져온 칼로 돌을 찍기 시작

장면 2 : 계곡 안쪽으로 아주 짧은 시간 비추는 아침 햇살에 대한 고마움 → 어린 시절에 대한 기억 (아버지와의 행복한 추억)

장면 3 : 모든 것에 대한 고마움 → 자신의 팔 잘라내기 시도 → 가족들과의 행복한 시간 추억 → 죽음에 대비하여 자신의 캠코더에 가족, 친구들에 대한 감사 인사

장면 4 : 혼자만 행동했던 과거의 이기적 자신 후회 → 현재 자신의 모습은 결국 자신의 선택으로 이렇게 되었다는 자책감 → 새로운 나를 찾기 위해 결국 최종적으로 팔 절단 → 계곡 탈출에 성공, 이후 새로운 삶 시작.

영화를 단편적으로 감상한 후에 각자 나눠준 메모지에 미니저널을 진행하였다. 내 생애 가장 후회스러웠던 것은 무엇이며, 또

내가 살아가는 데 가장 고마운 존재는 무엇인가에 대해 각자 쓰고 함께 그들의 생각을 공유하였다. 자활참여자들 중에는 큰 사업을 하다가 실패한 사람도 있었고, 갑작스러운 가장의 죽음으로 자활에 참여한 여성들도 있었으며, 건강을 잃고 무작정 시골로 내려온 사람도 있었다. 또한 너무나도 소극적인 성격에 타인과의 관계를 잘 맺지 못하고 시골에서만 지낸 젊은이도 있었다.

참여자들은 영화를 보고 난 후 왜 그동안 너무 원망만하고 살았는가에 대한 후회도 있었으며, 사랑했던 사람에 대해 모질게 굴었던 자신에 대해 자책하는 모습도 보였다. 비록 어렵고 힘든 환경이지만 자신을 믿고 견뎌준 가족들이 가장 고마운 존재임을 대부분 표현하였다. 그들은 하루하루 모든 것에 대한 고마움을 느낄 것이며 긍정의 힘을 얻게 되었다고 얘기하기도 하였다. 또한 우리 모두 살아있는 동안에는 포기하지 말고 희망을 가지고 이겨내자고 함께 다짐하였다.

3) 3회기 : 꿈

3회기는 '행복한 일상'에 대한 미래를 생각하며 체베나 시 창작 활동을 하였다. 내 삶의 행복의 이상을 정하여 제목을 만들고 내 인생의 최고 행복한 그 순간을 구체화하도록 하였다. 상상으로 그려진 모습을 체베나 시 쓰기의 형식으로 각자 표현해 보았다. 체베나 시 쓰기 형식은 〈나의 삶의 이상적인 순간〉으로 제목을 정하고, 1행: 나는 어디에 있는가?, 2행: 나는 무엇을 하고 있는가?, 3행: 나는 누구와 함께 있는가, 4행: 나의 얼굴 표정은 어떠한가?, 5행: 나는 무슨 생각을 하고 있는가?, 6행: 1행 반복하여 쓰기, 7행: 2행 반복하여 쓰기의 순서로 정했다. 많은 참여자들이 시를 작성하였고, 사람들 앞에 당당히 나와 자신이 직접 쓴 시를 발표하여 박수를 이끌어 내기도 하였다. 그 중 대표적인 시 한 편을 여기에 소개하고자 한다.

제목: 후회 없는 인생 3막의 길에서

나의 삶의 2막에서
후회 없는 3막을 준비하네.
맘 푸근한 자활센터 동료들과
어쩌면 뒤돌아보는 내 삶에서 다 내려놓은 나의 지금이
이다지 가벼웠던 적이 있었던가?
나의 삶의 2막에서
후회 없는 3막을 준비하네.

위의 시를 쓴 주인공은 '행복, 긍정, 그리고 꿈'이라는 프로그램을 통해 자신의 삶에 대한 성찰과 긍정적 정서를 얻게 된 것이 가장 큰 행복이라고 얘기하였다. 인문학을 통해 고민하고 철학하는 시간을 가졌다는 것 자체가 인문학이 우리에게 선물하는 삶에 대한 긍정과 극복의 힘이라고 할 수 있다. 인문학을 통해 삶이라는 거대한 흐름에서 있는 자신을 발견하고, 그 자신이 삶의 의미를 만들어 가는 주인공이라는 점을 알게 되었다면 이보다 더 큰 선물은 없을 것이다.

4. 나오며

공자는 "인(仁)이 멀리 있는가? 내가 인을 하고자 하면 바로 인에 이른다"라고 하여 인의 실천이 외부에 있는 것이 아니라 내 자신에 내재되어 있다고 하였다. 옛 사람들은 마음의 건강이 결국 자기 자신에게 달려 있다고 생각했다. 인문치료의 출발도 바로 우리들 자신이다. 결국 인문치료에서 가장 중요한 정신은 우리 자신의 끊임없는 성찰이다. 나 자신에 대한 성찰, 타자에 대한 성찰, 사회에 대한 성찰이다.

20세기 후반 미국에서 '클레멘트 코스'로 노숙인들을 위한 인문학 강좌를 했던 얼 쇼리스는 사회적 약자들이 성찰을 할 수 있도록 도와주는 것이 인문학의 힘이라고 하였다. 그의 표현을 빌리자면, 인문학을 통해 사회적 약자들이 '위험한 사람들'이 될 수 있도록 도와주어야 한다. 부조리한 사회구조 뿐만 아니라 타성과 편견에 사로잡힌 이전의 자신에 대해서도 '위험'해질 수 있어야 무력의 포위망에서도 탈출하고 빈곤의 대물림에서도 벗어날 수 있는 희망이 생긴다. 기존에 자신이 가지고 있던 삶의 방식과 생각에 대해서도 새로운 시작을 해야 한다. 그리고 타인과 자신 자신에게도 당당하고 자유로운 관계를 맺을 수 있는 삶을 살 수 있어야 한다. 그래서 인문학이 희망인 것이다.

인문치료 현장에서의 인문학은 인문학자들의 전유물도 아니며 소외계층들을 위한 '치료'의 수단도 아니다. 인문학을 통해 인간적인 삶, 행복한 삶을 위해 '나'를 어떻게 이해하고, 그리고 나와 가족, 나아가 사회 속에서 어떻게 살아갈 지에 대해 스스로 성찰하고 표현하는 시간을 갖는, 그야말로 인문학의 본질에 다가가는 시간을 인문학자들과 참여자들이 함께 고유한다. 이렇게 인문치료는 인문학의 본질에 다가가면서 자신의 존재와 관계를 파악하고 효율적으로 표현하는 소통의 모델을 지향하고 있다.

필자는 2012년부터 강원도의 지역자활센터에서 인문치료 프로그램을 진행하고 있다. 지역자활센터의 자활참여자들은 매우 다양하게 구성되어 있다. 20대부터 60대까지 무학에서 대학졸업자까지 섞여있는 참여자들을 한 자리에 모아놓고 진행될 수밖에 없는 인문치료 현장에서 가장 중요한 것은 바로 이들의 자활의지를 살리는 것이다. 다양한 굴곡의 삶을 살아온 그들의 자활의지를 살리게 하기 위해서는 바로 자신의 삶에 대해 진지하게 성찰해 보는 시간을 마련하는 것이었다. 그리고 행복한 미래를 위해 삶을 보다 긍정적으로 살아가는 방법은 무엇인지 고민해보는 시간을 갖도록 하는 것이었다. 단기간의 인문치료 프로그램 참여가 그들 삶의 전환점이 되기는 쉽지 않을 것이다. 다만, 이러한 인문학 치유 프로그램의 지속적인 활동을 통해 자활참여자들이 자신의 삶에 대해 성찰하는 시간을 갖고 마음의 치유와 행복감의 증진이 있기를 바란다.

참고문헌

김익진, 「자활참여자 인문치료」, 강원대학교 인문과학연구소 편, 『인문치료 사례연구』, 강원대출판부, 2013.

공자 지음, 김형찬 옮김, 『논어』, 홍익출판사, 2011.

청소년을 위한 고전 연구회 엮음, 『채근담』, 지원북클럽, 2001.

최병욱 · 김선희, 「출소자의 재사회화를 위한 인문치료 사례연구」, 『인문과학연구』 35, 2012.

최병욱, 「인문치료를 통한 양육 미혼모의 삶의 긍정성 향상」, 『인문과학연구논총』 34-1, 2013.

홍응명 저, 한용운 역해, 『채근담』, 돋을새김, 2012.

홍자성 지음, 이상인 편역, 『채근담』, 평단, 2011.

홍자성 지음, 김성중 옮김, 『채근담』, 홍익출판사, 2012.

얼 쇼리스 지음, 고병헌 외 옮김, 『희망의 인문학』, 이매진, 2010.

'회복탄력성' 증진을 위한 개인 철학상담 사례 : 내담자의 가치에 대한 가치물음을 중심으로

김 선 희

1. 들어가는 글 : 가치의 가치에 대한 물음의 치료적 위상

> 그리고 그 가치판단들 자체는 어떤 가치를 가지고 있는 것일까? 그것은 이제까지 인간의 성장을 저지했던 것일까 아니면 촉진했던 것일까? 그것은 삶의 위기와 빈곤, 퇴화의 징조인가? 아니면 반대로 거기에는 삶의 충만함, 힘, 의지가, 그 용기와 확신이, 그 미래가 나타나 있는가? — 이 문제에 관해 나는 나 자신에게서 많은 해답을 찾아보았고, 그 해답을 찾고자 감히 시도해보기로 했다.[1]

삶의 희로애락은 어디에서 오는 것일까? 우리의 삶을 좌지우지하는 것들의 가치를 결정하는 것은 무엇일까? 가치는 세계나 존재에 선천적이고 본질적인 것일까 아니면 후천적이고 현상적인 것일까? 사람은 누구나 특정 가치에 지배 받으며 살아간다. 삶에 대한 자존감이나 만족도는 개인이 지니고 있는 이와 같은 가치관과 상관관계를 지니게 마련이다. 삶에서 모든 것이 무화되는 현상을 나타내는 허무주의(Nihilismus)를 인간이 추앙해왔던 최고 가치들의 몰락 현상을 통해 파악했던 철학자는 니체이다.[2] 그는 허무주의를 최고 가치 중의 가치인 신의 죽음이나 형이상학의 종말로 상징하기도 했다. 니체의 진단적 패러다임에 있어서 허무주의의 출현은 지금까지 인류가 자기 자신을 정당화하는 최고의 척도였던 절대 가치들의 무화(Nihilisierung)의 증후이자 결과이다.

삶의 동지이자 적이기도 한 가치들의 양면성에 대한 니체의 접근은 무엇보다도 '계보학(Genealogie)'에 의해서 본격적으로 이루어졌다.[3] 니체의 계보학적 사유는 삶을 지탱하는 최고의 가치들이 오히려 삶을 파괴하기도 하는 역설적 현상을 폭로한다. 따라서 가치들의 계보를 묻는 과정에서 드러난 의혹은 가치의 발생과 그것의 효용에 있어서 그것이 지니는 타자성(Anderheit)이다. 인간이 추구하는 가치가 인간 자신과 갖는 의외의 타자성은 결국 그 가치가 삶과 갖게 되는 소외적 거리에서 파생된다. 이와 같은 가치의 자기소외는 자아로부터 자아의 소외현상과 연동됨으로써 자아와 자아의 분열을 드러내는 자아의 타자성을 또한 수반한다.

이러한 현상은 삶에 있어서 가장 자명한 것으로 여겨졌던 것들에 대해서 물음을 던지게 한다. 그 중심에 있는 '나'와 나를 이루는 '중심 가치'에 대해서 물음을 던지게 한다. 이러한 관계는 자아나 가치의 '기원(Ursprung)', '유래(Herkunft)', 나아가 '발생(Entstehung)'[4]에 대한 니체의 계보학적 물음을 통해서 비로소 밝혀진다. 즉 니체의 계보학적 물음은 자아가 중시하는 가치들, 특히 최고 가치들의 기원이나 유래와 더불어 그들의 발생을 추적한다. 니체에 있어서 자아에 대한 물음은 가치의 물음으로 이어지고, 가치에 대한 물음은 다시 자아에 대한 물음으로 이어진다.

따라서 자아의 몰락과 가치의 붕괴는 뫼비우스 띠와 같은 관계를 지닌다.

이와 같은 니체의 계보학이 지니는 강점은 무엇보다도 이론 중심의 사유와의 변별성이다. 계보학적 사유는 현장 중심의 실천적 사유를 추구한다.[5] 철학상담치료에서 기본적으로 활용되는 소크라테스의 문답법(Dialektikē)[6]이나 그것의 현대적 유형인 소크라테스적 문답법(Socratic Dialogue)[7], 그리고 그것이 철학상담치료적으로 강화된 유형인 논리기반치료(Logic Based Therapy)[8]에서 중심은 이론적 사유가 아니라 내담자의 삶과 관련된 실천적 사유이다. 즉 내담자의 불편소와 관련된 구체적인 경험의 장에 대한 사유가 기본을 이루고 있다. 구체적인 시간과 공간에서 일어나는 경험이 계보학적 사유에서처럼 철학상담치료에서도 핵심 대상으로 자리한다.

니체의 계보학적 사유는 반형이상학적인 그 태생적 배경에 있어서 알 수 있듯이 인간의 사유를 구성하고 있는 담론들(Diskurse)을 선천적인 것이 아니라 후천적인 것으로 본다. 따라서 모든 담론이나 가치들은 그 기원을 거슬러 올라가 유래를 살펴보면 절대적인 것이 아니라 상대적인 발생 지점이 있게 되며, 나아가 생성소멸의 운명을 지닌다. 계보학적 사유가 폭로하는 것은 가치들이란 변화하는 것이지 영원불멸의 실체나 본질이 아니라는 점이다.

니체가 당대의 집단적 증후인 허무주의(Nihilismus)를 성찰하기 위하여 계보학적 방법을 사용함으로써 허무주의의 정체를 비교적 선명하게 드러냈듯이 우리는 오늘날 허무주의의 현대적 변종들을 검토하기 위하여 니체의 계보학적인 방법을 사용하는 것도 도전해 볼만한 가치가 있을 것으로 보인다. 우리를 고통스럽게 하는 특정 생각, 정서, 행동을 진단하기 위해서 우리는 이것들과 관련된 가치들의 발생과 유래를 검토하는 과정을 필요로 한다.

니체는 가치의 문제설정에 있어서 관건을 가치평가(Wertschätzung)에 둔다. 더불어 이것의 기초가 되고 있는 가치들을 단지 관념 세계가 아니라 현실 세계에 실재하는 것으로 본다. 니체가 계보학자에게 가장 중요한 것으로서 회색(das Graue)을 강조할 때[9], 이는 단지 관념 덩어리인 문자들의 조합을 의미하는 것이 아니다. 그것은 오히려 추상적인 사유의 내용이 아니라 실제 삶을 기록한 것, 실제로 확증할 수 있는 사실, 실제로 일어났던 것이다. 그러나 실제로 무엇이 일어났는지를 알아내는 작업이 그렇게 쉬운 일은 아니다. 니체에 따르면 계보학적 방법을 통해 밝히고자 하는 대상은 바로 “오랫동안 판독하기 어려웠던 인간의 도덕적 과거사의 상형문자 전체”[10]인 것이다.

니체의 계보학은 우리를 지배하고 있는 이 상형문자(Hieroglyphenschrift)와 같은 가치들의 목록을 검토하고 그 유래를 밝힘으로써 마침내는 가치의 무화라는 현상의 필연성을 드러내는 동시에 대안적 가치를 모색하는 가치전도(Umwertung der Werte)의 프로젝트를 시도한다. 이와 같은 계보학적 가치물음은 오늘날 과연 우리 자신에게 최고의 가치 목록들은 무엇인지를 살피고, 나아가 이와 같은 가치목록들이 우리 자신에게 실제로 가치가 있는지를 살피는 활동을 돕는다. 또한 가치의 무화에서 한

걸음 더 나아가 가치의 해악에 대한 물음을 제기한다. 여기가 바로 우리 자신이 당연하고 절대적인 것으로 여겼던 최고 가치들의 가치에 대한 니체의 계보학적 방법이 철학상담치료와 만나는 접점이 될 것이다.[11)]

니체의 계보학적 탐구에서 가치에 대한 물음의 기반이 되는 '나'의 유래에 대한 물음은 그 답을 나 안에서 찾는 데서 멈추는 것이 아니라 나의 외부와의 연계로 향한다. 니체에 있어서 나의 내부에 마치 선험적인 조건처럼 작동하는 사고나 정서 나아가 행동의 메커니즘을 작동시키는 것의 정체를 알려면, 나의 안이 아니라 나의 밖에서 생산되고 유통되는 담론들을 추적해야 한다. 이 담론들의 발생을 추적하면 그곳에서 조우하는 것은 '힘에의 의지(Wille zur Macht)'이다.

근본적으로 인간을, 삶을, 그리고 세계를 규정하고 있는 것을 합리성이나 이성이 아니라 힘에의 의지로 보는 니체의 계보학적 문제설정은 더 강한 자가 더 약한 자를 지배하기 위한 수단으로서 '언어(Sprache)'가 지니는 충격적인 위상을 고지한다.[12)] 언어의 치명적인 힘은 바로 사물, 사건, 세계에 대한 해석(Auslegung)의 발생 지점으로 시선을 돌리게 하며, 그곳에서 그것들의 각인수단(Einprägungsmittel)이나 기억술(Mnemotechnik)로서 언어의 역할과 조우하게 한다.[13)] 따라서 언어는 단지 추상체나 허구체가 아니라 그것에 의해서 삶이 움직이는 삶의 구조체이자 작동체이다. 따라서 삶의 가치적 작동방식을 이해하기 위해서 우리는 우리를 지배하는 언어를 파악해야 한다. 특정 언어는 우리 삶의 선과

악, 미와 추, 옳음과 그름의 척도로 작동한다.

니체에 따르면 "그와 같은 지식은 지금까지 존재한 적도 요구된 적도 없었다. 사람들은 이러한 '가치들'의 가치를 주어진 것으로, 사실로, 모든 문제제기를 넘어서 있는 것으로 받아들였다."[14]고 한다. 그러나 오늘날 우리는 니체와 그의 후예들인 포스트모더니스트들을 통하여 그와 같은 지식의 속성을 다행히도 선취하고 있다. 유럽을 지배하는 중심가치의 저장고를 당대의 '언어'로 보았던 니체는 이 언어의 대표적인 존재 양식이자 삶의 방식을 '도덕(Moral)', 즉 인간의 삶을 그 중심에서 각인시키고 기억시키는 지배적 도덕에서 찾았다.[15]

이 지점은 바로 니체의 계보학적 사유가 오늘날 우리 사회의 허무주의적 현상들의 분석과 더불어 대안 제시의 가능성과 중첩되는 곳이다. 유독 우리를 사로잡고 있는 가치에 대한 물음이 부재하는 우리 시대는 가치의 가치에 대한 불확실성 속에서 자신의 삶의 척도를 점점 더 상실하고 오리무중으로 빠져들고 있다. 과연 나의 중심 가치들은 무엇인가? 나를 지배하고 있는 가치는 진정 나에게 가치 있는 것일까? 이 가치들은 어디서 온 것일까? 이와 같은 물음들은 가치관의 혼란 속에 빠져있는 병리적 개인들뿐만 아니라 공동체가 함께 성찰해야 할 중심 물음이다.

오늘날 우리사회는 단지 우리의 삶의 특정 부분을 이루고 있는 특이 가치들이 과대평가되는 반면에 우리 삶의 저변을 이루고 있는 일상적인 가치들은 평가절하되고 있는 실정이다. 이와 같은 현상은 특정의 가치만을 삶의 전경으로 특권화시키는 반면에 그 외의 것들은 순식간에 후경으로 추방하는 오류를 야기하게 한다. 삶의 기저 가치들의 후경화는 단지 전경화된 특정 가치가 몰락할 경우 조차도 순식간에 삶 전체의 몰락으로 확산되는 가치의 쓰나미 현상을 초래한다. 이는 생리적인 무기력증이나 무의욕증은 물론 심리적인 우울증이나 불안 증상들을 초래함으로써 자살과 같은 극단적인 사태와 연동되기도 한다.

허무주의의 현대적 변종들의 맹아를 사전에 파악하거나 사후에라도 치료하기 위해서는 니체가 그랬듯이 무엇보다도 오늘날 우리를 지배하고 있는 최고 가치들의 목록을 확인하는 활동이 선결되어야 한다. 또한 이 가치들에 대한 물음에서 한 걸음 더 나아가 우리가 특권화한 가치들의 가치를 검토하는 활동이 수반되어야 한다. 즉 "이 새로운 요구, 그것을 우리는 다음과 같이 말해보자: 우리에게는 도덕적 가치를 비판하는 것이 필요한데, 이러한 가치들의 가치는 우선 그 자체로 문제시되어야"[16] 함을 고지해야 할 것이다.[17] 뿐만 아니라 이것을 문제시하기 위해서 우리는 니체가 주목한 "이러한 가치들이 성장하고 발전하고 변화해온 조건과 상황에 대한 지식"[18]을 필요로 한다.

이와 같은 가치의 가치에 대한 니체의 물음을 오늘날 우리의 가치물음과 접목하여 철학상담치료적으로 살펴볼 연구대상은 대인관계 문제를 호소하는 20대 대학생 상담사례이다. 그러나 이 문제는 상담이 진척되면서 현상적인 문제였으며 오히려 본질적인 문제는 자존감이나 행복도의 문제였다. 그리고 상담 초기에 진행된 진단적 상담 과정에서 드러난 이에 대한 추정 원인은 내담자의 삶의 가치에 대한 내담자의 굴절된 가치부여에 있는 것으로 드러났다. 따라서 내담자 호소문제가 좀 더 효과적으로 진단되고 치료되기 위하여 철학상담치료사로서 필자는 니체에 의해서 제시된 가치의 가치 문제설정(die Fragestellung des Wertes der Werte) 패러다임의 활용가능성을 모색해보았다.

뿐만 아니라 내담자의 호소문제 해소를 위해서 필자는 철학상담치료에 있어서 가장 기본적인 방법 중에 하나인 소크라테스적 문답법에 계보학적 성찰을 절충하여 보았다. 이로써 좀 더 효과적인 철학상담의 방법이 모색될 수 있을 것으로 보였다. 왜냐하면 가치의 가치에 대한 니체의 계보학적 물음이라는 독특한 방법과 대상은 오늘날 자아 존중감 상실과 삶에 대한 긍정성의 저하 그리고 이와 연계된 대인관계 불안과 같은 현대인들의 호소문제를 좀 더 심층적이고도 본질적으로 다루는 데 의미 있는 기여를 할 것으로 기대되었기 때문이다.

이를 통하여 니체의 '가치의 무화' 또는 '탈가치화'[19] 담론이 얼마나 현대인들이 삶을 위기 상황에서 구할 수 있는 원동력인 '회복탄력성'[20]에 기여할 수 있는지를 검토해 볼 수 있을 것이다. 이와 같은 검토를 위해 필자는 내담자에 대한 사전·사후검사를 설계하였다. 사전·사후검사를 위하여 〈회복탄력성지수〉 검사를 실시하였다. 나아가 이와 같은 상담치료적인 분야에 대한 철학적 접목을 위한 이론적 단초를 제공할 중심 텍스트는 『도덕의 계보』의 서문을 택하였다. 그 이유는 이 서문은 『도덕의 계보』의 정수이자 니체의 '모든 가치의 가치전도(die Umwertung aller Werte)' 패러다임의 산실이기 때문이다.

2. 연구 방법

1) 대상과 연구 설계

본 연구에서 살펴볼 구체적인 철학상담치료 사례는 대인관계문제를 호소하여 철학상담치료를 시작하였으나 대인관계는 오히려 현상적인 문제였고 본질적인 문제는 자존감이나 행복도의 문제인 것으로 밝혀진 20대 청년 개인상담 사례이다. 좀 더 구체적으로 보자면 이 사례에 있어서 내담자의 불편함의 원인은 내담자 자신의 '있는 그대로의 삶'에 대한 평가절하나 탈가치화 현상이었다. 특정 가치에 대한 내담자의 과대평가, 즉 내담자가 자신의 삶의 절대적 가치로 생각한 것이 특정한 계기로 인하여 실현되지 못했을 때 내담자의 삶 전체의 무화와 연동되어 버린 것으로 보였다. 따라서 내담자 호소문제를 해소하기 위하여 니체의 가치의 가치에 대한 문제설정을 활용해 보는 것이 적절할 것으로 판단되어서 내담자 상담에 접목시켜보고자 했다.

본 연구에서 설정한 연구문제 검증을 위해 동일 내담자에 대한 사전·사후검사를 설계를 하였다. 사전·사후검사를 위하여 〈회복탄력성지수〉 검사를 실시하였다. 이 검사는 내담자의 호소문제

진단과 더불어 상담의 결과를 평가하기 위한 적절한 검사지로 생각되었다.[21] 그 이유는 무엇보다도 니체의 허무주의 진단과 이에 대한 치료 패러다임과 회복탄력성이 추구하는 바가 상당한 정도로 공통점을 지니고 있는 것으로 보였기 때문이다. 특히 회복탄력성, 즉 "…변화하는 환경에 적응하고 그 환경을 스스로에게 유리한 방향으로 이용하는 인간의 총체적 능력"을 뜻하는 'resilience'는 니체의 '조형력(Plastische Kraft)'[22] 개념과 매우 깊은 유대감을 나타내고 있다. 특히 이 용어가 그 한국어 번역에 있어서 "어려움에서 적응적 상태로 다시 돌아온다는 의미인 '회복'과 정신적 저항력의 향상, 즉 역경을 딛고 되튀어 오르는 성장을 뜻하는 개념인 '탄력성'을 합쳐"[23] '회복탄력성'이라 번역된 점을 통해 니체의 조형력과 많은 공통분모를 지니고 있음을 확인할 수 있었다.

나아가 구체적인 내용에 있어서 또한 유사점을 발견할 수 있었는데, 회복탄력성의 세 축인 '자기조절능력', '대인관계능력', 그리고 '긍정성' 중에서 가장 근저에 있는 것으로 긍정성을 꼽는 회복탄력성 개념은 니체에 있어서 '동일한 것의 영원회귀(die ewige Wiederkehr des Gleichen)'[24]나 동일한 것을 운명으로서 사랑하는 '운명애(amor fati)'[25] 개념과 그 의미에 있어서 상통하는 바가 상당히 큰 것으로 보였다. 회복탄력성의 토대로서 '긍정성'의 세 하위 분류들이 지니고 있는 '자기 스스로의 장점과 강점을 낙관적으로 바라보는 태도', '행복의 기준이라고 할 수 있는 삶에 대한 만족도', 그리고 '삶과 주변사람에 대해 감사하는 태도' 등은 이와 같은 공통분모를 잘 드러내고 있다.[26] 바로 이러한 맥

락에서 볼 때, 어떤 이상적이고 당위적인 것에 지배되는 삶이 아니라 있는 그대로의 삶에 대한 긍정을 강조하고 있는 니체의 삶 철학은 바로 특정 가치를 중심으로 형성되는 이상적이고 당위적인 가치들과의 병리적 관계에 의해서 파생되는 현대인들의 고질적인 합병증인 우울, 불안, 스트레스, 강박, 대안관계 장애 등에 대한 근원적인 해독제로서 회복탄력성 향상에 기여할 가능성이 매우 높은 것으로 보인다.

필자는 내담자의 호소문제를 해소하기 위하여 내담자에게 소크라테스적 문답법과 논리기반치료의 방법들을 사용함에 있어서 기본적으로 내담자의 가치에 대한 물음을 접목할 뿐만 아니라 상담을 통한 진단과 치료에 있어서 한편으로는 인지적 차원의 상담을 통하여 내담자의 삶의 순간들을 환기하고 나아가 이러한 삶의 순간들을 변형하는 프락시스 차원의 활동을 촉진시키고자 했다. 이는 단지 인지적·언어적 차원에 머무는 것이 아니라 이들을 매체로 삶의 현장을 검토하고 변형하는 일을 궁극적으로 추구하는데 철학상담치료가 지니고 있는 영향력을 확인하는 과정이 된다. 이때 사전·사후검사는 검사에 대한 내담자의 거부감이 철학상담치료에 미치는 영향을 최소화하고 내담자의 자연스러운 상담을 돕기 위하여 상담 종료 후에 먼저 사후검사를 실시하였고, 사후검사 후에 내담자에게 이 사후와 사전의 차이를 주목하게 하고, 이를 바탕으로 간접적인 사전검사를 실시하였다. 따라서 이 사전검사는 사후검사와 병행한 사전검사이다.

2) 측정도구와 분석방법

〈회복탄력성지수〉 검사는 상담사가 회복탄력성지수 검사 문항들을 묻고 이에 대해 내담자가 대답을 하는 방식으로 이루어졌다. 물론 이와 같은 연구도구 이외에 소크라테스적 문답법을 통하여 자연스럽게 내담자의 호소문제와 관련된 부분들에 대한 문답을 진행하였으며, 이때 초기 내담자의 상황은 자아 존중감을 포함하여 회복탄력성이 상당이 낮은 것으로 보였다. 또한 〈회복탄력성지수〉 사전평가에서도, 내담자의 회복탄력성은 상당히 낮은 것으로 드러났다. 특히 회복탄력성의 대분류인 '자기조절능력', '대인관계능력', '긍정성'에 있어서 자기조절을 제외한 '대인관계능력'이나 '긍정성'이 평균보다 현저히 낮게 나타났다.

내담자의 〈회복탄력성지수〉 사전 전체 총점은 162점인데, 이는 우리나라 평균 점수인 195점을 기준으로 보았을 때 상당히 낮은 것으로 나타났다. 대분류에 따른 하위분류를 보면, '자기조절능력'의 경우 총점은 64점으로 우리나라 평균인 63.5점에 가까운 점수가 나왔다. 그러나 두 번째 대분류인 '대인관계능력'의 총점은 53점으로 우리나라 평균인 67.8점에 비하여 상당히 낮은 점수를 나타냈다. 마지막 대분류인 '긍정성'의 총점 또한 45점으로 우리나라 평균인 64.4점에 비하여 상당히 낮은 점수를 나타냈다.

내담자의 〈회복탄력성지수〉를 측정하기 위해 레이비치와 샤테의 회복탄력성지수(RQ-56)를 한국형 회복탄력성지수(KRQ-53)로 개발한 김주환 박사의 검사도구를 사용하였다.[27] 〈회복탄력성지수〉는 상술하였듯이 내용타당도 검사를 위한 대분류로서 자기조절능력, 대인관계능력, 긍정성 부분으로 구성되었다. 우선 대분류 자기조절능력은 18문항으로 구성되어, 1~6문항은 감정조절력을, 7~12문항은 충동통제력을, 13~18문항은 원인분석력으로 구분된다. 그리고 대인관계능력은 17문항으로 구성되어, 19~24문항은 소통능력을, 25~30문항은 공감능력을, 31~36문항은 자아확장력으로 구분된다. 마지막 대분류인 긍정성은 18문항으로 구성되며, 37~42문항은 자아낙관성을, 43~47문항은 생활만족도를, 48~53문항은 감사하기로 구성되어있다.

검사자의 물음을 듣고 내담자는 다음 각 문항에 대해 '전혀 그렇지 않다', '그렇지 않다', '보통이다', '어느 정도 그렇다', '매우 그렇다' 등의 5가지 반응으로 응답하였다. 점수는 '전혀 그렇지 않다'에 반응하면 1점을, '그렇지 않다'에 반응하면 2점을, '보통이다'에 반응하면 3점을, '어느 정도 그렇다'에 반응하면 4점을, '매우 그렇다'에 반응하면 5점을 배점한다. 채점 방법은 4, 5, 6, 10, 11, 12, 16, 17, 18, 22, 23, 24. 28, 29, 30, 34, 35, 36, 40, 41, 42, 51, 52, 53번 문항은 역채점을 하고, 나머지 문항은 점수를 문제 번호와 동일하게 부여한다.

3. 가치의 가치물음을 활용한 철학상담치료 프로그램 구성

1) 가치의 가치물음을 활용한 철학상담치료 모형의 시도

기존의 철학상담이 주로 그러하듯이 필자 또한 내담자의 호소문제를 상담하기 위한 방법으로 소크라테스가 즐겨 사용한 문답법, 특히 네덜란드에서 만들어진 소크라테스적 문답법(Socratic Dialogue)을 사용하였다.[28] 그리고 이를 보완하기 위하여 이것의 좀 더 강화된 철학치료 형식인 논리기반치료(Logic Based Therapy)를 활용하였다. 이 논리기반치료(LBT)는 코헨(E. Cohen)의 'LBT의 5단계'[29]를 활용하였다. 전자와 관련해서는 소크라테스적 문답법의 11단계 중에 주로 1단계에서 7단계까지를 바탕으로 하여 '초기물음(initial question)'이나 '사례(example)' 또는 '결정적 순간(crucial moment)'을 확인하고 검토해나갔다. 그리고 LBT는 주로 1~3단계를 활용하되 1단계의 '실천적 삼단논법(practical syllogism)'을 중심으로 하여 호소문제와 관련된 내담자의 가치 척도들을 확인하고 검토하는 데 집중하였다.[30]

초기 상담 과정에서 논자가 이와 같은 철학상담치료의 방법을 가치의 가치에 대한 니체의 패러다임과 절충한다면 내담자의 문제를 좀 더 심도있게 진단할 수 있을 것이라는 생각이 든 이유는 니체로 하여금 가치에 대한 가치 물음을 추적하게 한 당시 유럽의 허무주의의 출현의 원인으로서 가치의 무화라는 사건은 오늘날 현대인들의 수많은 불편함의 뿌리를 이루는 허무주의의 수많은 변형들을 진단하고 치료하는 근본적인 콘텐츠로서 적절하다고 생각했기 때문이다. 물론 소크라테스적 문답법이나 논리기반치료가 상담치료의 탄탄한 형식을 제공하기는 하지만 풍부한 콘텐츠까지 제공하기에는 역부족인 형편이다.[31] 오늘날 철학상담치료에 있어서나 그 외의 상담치료들에 있어서 좀 더 보완되어야 할 것은 상담치료 방법들의 개발 이외에 내담자 경험의 개별적 내용들을 더 풍부하고 심도 깊게 비춰줄 콘텐츠들이다. 왜냐하면 내담자의 진리관이나 세계관 그리고 가치관을 검토하고 조형할 수 있는 보다 다양한 철학적 지혜의 역할이 실로 클 것으로 보이기 때문이다.

내담자를 상담하는 과정에서 필자는 이와 같은 기존의 철학상담치료의 방법들을 니체의 가치의 문제설정의 패러다임과 절충할 수 있는 상담모형을 구성해 보았다. 이를 위하여 논자는 주로 『도덕의 계보』의 핵심 개념들을 중심으로 다음과 같이 6단계로 구성하여 보았다. 나아가 6단계들을 도울 중요 개념들을 제시해 보았다. 왜냐하면 다른 상담치료 영역과는 달리 철학상담치료가 지니고 있는 최대 강점은 바로 철학의 저장고를 꽉 채우고 있는 다양한 철학적 지혜들인 사상들, 패러다임들, 에피스테메들, 개념들과 같은 것들이기 때문이다. 이것들은 철학자들이 자신의 고유한 존재론이나 세계관 그리고 가치관 등의 정수를 드러내기 위해 심혈을 기울여서 저장해놓은 압축파일과도 같은 것이다. 저 놀라운 개념들은 철학상담치료사들이 내담자가 자신의 삶을 그것에 비추어보거나 또 다른 모습들을 모색해 볼 수 있는 중요한 거울을 내

담자에게 제공하도록 돕는다.[32)]

1단계부터 3단계까지는 진단적 차원의 접근이다. 첫째 단계는 내담자의 '무화된 최고 가치 목록'을 확인하는 단계이다. 이 단계는 가장 기초적인 단계로서 주로 내담자가 중시하는 가치목록과 최고가치가 무엇인지를 찾아내는 동시에 그 중에서 무화된 가치를 식별해내는 단계이다. 둘째 단계는 내담자의 최고 가치가 무화되는 결정적 순간을 확인하는 단계이다. 이를 통하여 최고 가치의 무화의 구체적인 원인을 확인할 수 있게 된다. 셋째 단계는 지금까지 밝혀진 내담자의 최고 가치가 무화됨으로써 초래되는 증후들을 살펴보는 단계이다. 이 단계에서는 삶에 치명적인 영향을 행사하는 증후들과 원인의 상관관계를 파악함으로써 가치의 무화에서 오는 삶의 위기를 삶 자체의 위기와 변별하여 봄으로써 문제해결의 구체화를 돕는다.

4단계부터 6단계까지는 치료적 차원의 접근이다. 넷째 단계는 내담자의 무화된 가치의 가치 여부나 정도를 검토하는 적극적 단계이다. 내담자가 최고 가치로 삼고 있는 가치가 내담자의 삶에 있어서 실제로 최고 가치를 갖는지의 여부나 그것의 정도를 비판적으로 검토하는 단계이다. 이 단계부터는 니체의 계보학의 콘텐츠가 진가를 발휘하는 단계이다. 허무주의 원인에 대한 계보학적 진단의 정수를 이루는 '가치의 유래'나 '가치의 가치에 대한 물음' 등을 토대로 가치를 지닌 담론의 '익명성'이나 '타자성'의 콘텐츠는 내담자의 가치에 대한 내담자의 가치평가의 타당성을 삶을 기준으로 검토하는 것을 돕는다.

다섯째는 내담자의 무화된 가치에 대한 대체 가치를 모색함과 더불어 이 대체 가치의 가치 또한 확인하는 단계이다. 실제로 자신의 삶에 기여할 수 있는 새로운 가치들을 모색하는 이 단계는 기존의 가치평가 기준을 새롭게 제시하여 새로운 가치체계를 정립하는 '가치의 전도'를 통하여 이제 가치 자체의 직접적인 변형을 수행한다. 이 단계는 사변적 사유와 구별되는 니체의 계보학이 실행하는 현실의 삶에 대한 실천적 사유의 위력을 보여준다. 이때 대체 가치의 모색과 그것의 가치에 대한 물음의 척도는 바로 내담자의 삶에 대한 가치의 기여도이다.

마지막 단계인 여섯째 단계는 대체가치의 실천적 조형 단계로서 니체의 계보학적 사유의 목적 지점이자 삶의 '조형력'을 주목한 삶철학의 실천적 · 치료적 힘이 현실과 구체적으로 연동되는 지점이다. 가치의 전도의 결실은 이제 현실의 구체적인 장 안에 하나하나 현실화되는 과정을 밟게 된다.

2) 활동안

이 절에서는 니체의 계보학과 철학상담치료 케이스의 접점이 비교적 분명히 드러난 상담회기를 중심으로 활동안을 다루어 볼 것이다. 우선 사용된 활동안은 사례1의 3회기에 해당되는 것이다.[33] 이때까지 상담은 주로 기존의 소크라테스적 문답법의 1~6단계나 LBT의 1~2단계 중심으로 진행되었다. 내용을 보면 아래와 같다. 상담 내용은 이전 회기의 내담자 〈과제하기〉[34]를 바탕으로 진행되었다. 〈과제하기〉는 〈1. 내담자의 당면 불편소인 확인하기 2. 이와 관련된 실천적 삼단논법(practical syllogism)을 구성하고 재구성하기 3. 전제들이나 결론들의 타당성의 여부나 정도 확인하여 재구성하기〉였다. 이 〈과제하기〉에서 실천적 삼단논법은 학술적 엄밀성에서 구성하기보다는 내담자가 자신의 경험을 성찰하는 조력 도구로 사용하였기에 다소 느슨하게 이루어졌다. 내담자의 호소문제와 관련된 실천적 삼단논법 구성은 우선은 진단적 차원에서 자신을 사로잡고 있는 '실천적 삼단논법'을 구성하고, 그 다음으로 이 삼단논법을 '재구성한 실천적 삼단논법'으로 변별하였다.[35)]

이러한 〈과제하기〉 활동은 내담자가 자신의 경험의 순간들을 스스로 탐색하는 것을 돕기 위한 것이다. 그것은 때로는 과거의 경험일 수도 있고 때로는 내담자의 상담 당시의 일상적 경험의 순간들일 수도 있다. 과제를 통하여 내담자는 자신의 삶의 순간들을 스스로 성찰하는 기회를 갖게 된다. 이와 같은 과제에서 중요한 것은 단지 자신의 경험을 언어화하는 것이 아니라 자신의 경험 순간들을 공감각적으로 생생하면서도 면밀히 살펴보는 것이다. 그저 기계적으로 또는 무의식으로 스쳐지나온 자신의 삶의 순간을 생생하게 깨어서 클로즈업하는 것이다. 이와 같은 과정이 바로 이론적인 사유나 기계적인 사유로부터 계보학적 사유를 변별하는 지점이다. 계보학적 사유는 육안으로는 잘 포착되지 않는 삶의 현장을 마치 초고속 카메라(high-speed camera)나 타임 슬라이스(time slice)처럼 철저히 살피는 일이다. 이는 니체와 계보학의 관계에 천착한 푸코가 계보학에 대한 니체의 정신을 그대로 계승하여 "계보학은 회색이다. 그것은 성실하고 끈기 있게 문서들을 검토하며 지워지고, 긁혀 찢겨지고, 여러 번 변경된 양피지들을 다루는 일"라고 명시하는 계보학의 대상 영역이기도 하다.[36]

삶의 시공간에 대한 이와 같은 인지적 접근은 소크라테스의 추상방식을 현대화한 소크라테스적 문답법의 역방향(regressive) 추상[37]에서 주목되는 '사례'에 대한 관심 그리고 그 사례 중에서도 '결정적 순간'에 대한 천착에 있어서도 그 맹아를 보여준다. 그러나 니체의 계보학적 사유는 그와 같은 사유가 훨씬 심화·확장된 형태이다. 내담자가 자신의 가장 불편한 점을 알기 위해서는 내담자 스스로 자신의 경험의 순간, 불편소인의 발생 지점을 찾아내야 한다. 마치 초고속 카메라의 눈처럼 자신의 경험을 천천히 그리고 꼼꼼하게 응시할 때만이 이 지점은 제대로 포착될 수 있다.

상담 과정에서 논자는 경험 현장의 생생한 답사를 가능하게 하는 니체의 철학하기로서 계보학적 방법의 결정적 역할뿐만 아니라 그의 계보학적 방법이 다루고 있는 콘텐츠로서 가치의 가치에 대한 물음이 내담자가 당면한 불편소인을 해소하는데 있어서 수행하는 결정적인 역할 또한 확인할 수 있었다. 즉 내담자의 불편소인의 정체를 더 선명히 하는 데 결정적 역할을 수행하는 것이 바로 니체의 가치의 가치에 대한 물음이었다. 이는 사례1의 4회기에 꽤 분명히 드러났다. 이때의 〈과제하기〉는 내담자의 행복소들(핵심가치들)을 상기하고 환기해보는 과제로서 내담자의 행복소인(핵심가치들)을 필요조건(가치)과 충분조건(가치)으로 나누어 활동하는 형태로 작성하는 것이었다. 이 과제의 목적은 내담자의 중심 가치를 축으로 하여 내담자가 믿고 있는 '행복에 대한 결핍감'이나 '혼자라는 내담자의 믿음'의 타당성을 확인해 보고 나아가 내담자의 행복의 여부나 정도를 확인하는 것이었다.

〈과제하기〉활동과 이를 바탕으로 한 상담 결과는 우선 내담자의 행복결핍감과 대인관계의 필연적 관계 나아가 행복결핍감의 요인으로서 '혼자임'에 대한 내담자의 신념의 부적절성이 확인되었다. 내담자의 행복결핍감이나 혼자임에 대한 신념의 검토는 내담자의 행복과 그것의 정도 확인을 도울 수 있었다. 따라서 차기 회기의 〈과제하기〉는 좀 더 현실적인 차원에서 내담자의 행복도를 검토해보는 것이었다. 이를 위하여 내담자의 실제 행복 경험태로 떠오르는 과거태나 현재태 모두를 내담자의 시공간적 경험 안에서 상기하여 쓰는 것을 과제로 제안하였다. 이 과제의 목적은 우선, 단지 인지적으로 행복에 대해 상상하는 것을 넘어서 이제 내담자의 실제 경험 속에 존재하는 이미 일어났던 행복 과거태와 지금 진행 중인 행복 현재태를 내담자가 찾을 수 있는 최대치로 확인해 보기 위해서이며, 둘째로는 이로써 내담자의 현재 주관적 행복도 (저)평가의 정확성 여부를 내담자 스스로 생생히 확인 또는 반박해 보기 위해서였다.

이러한 내용을 구체적으로 살펴보기 위해 이미 내담자의 호소문제가 진단적 차원에서 치료적 차원으로 전환하고 있음을 잘 드러내는 5회기의 두 가지 〈과제하기〉 중 〈현재 행복태를 최대치로 찾아서 써보기〉의 내용을 보면 다음과 같다: "1. 근심이 없다. 2.

주변을 마음 편히 둘러본다. 3. 밥을 먹고 나서 소화가 잘 안 되는 편이었는데 이제는 소화가 잘 된다. 〈논자 중략〉 8. 자아만족감?: 열등감은 아니었지만 자존감은 상당히 낮았고 자격지심이 조금 있었으나 그런 것들은 상당히 나아지고 스스로의 존재와 내 행동에 대해 만족하며 뿌듯한 마음이 생긴다. 9. 웃음이 많아졌다. 10. 혼자서 무얼하는 게 즐겁다. 11. 해소성 과식을 하지 않는다. 13. 행복하다는 생각이 절로 든다. 〈논자 중략〉 17. 잡념이 많이 줄었다. 18. 공허감, 외로움의 감정이 느껴지지 않는다. 미래에 대해 희망적, 긍정적이다. 20. 같은 일상의 반복이지만 권태롭지 않다: 같은 행동, 반복된 일상, 어려운 공부의 연속이지만 틈틈이 느끼는 나와 미래에 대한 생각은 항상 새롭고 흥미롭다. 〈필자 하략〉"

이 회기에 내담자가 작성한 자신의 당면문제와 관련된 내담자 자신의 주관적 자기평가는 외로움은 0%, 공허감도 0% 그리고 행복도는 90%로 나타났다. 이는 내담자가 스스로 제시한 목표치였던 '외로움은 25%, 공허감은 25% 그리고 행복도는 65%'에 비해 훨씬 긍정적 결과를 보이고 있었다. 이는 내담자의 호소문제가 이미 상당히 해소되어있음을 나타내는 의미 있는 주관적 지표라고 할 수 있다.

4. 연구 기간과 상담 방법 그리고 사후검사 결과 분석

이와 같은 연구의 기간은 주 1회 약 90분씩 7주에 걸쳐서 7회기 동안 이루어졌다. 앞에서 언급했듯이 내담자의 호소문제를 상담

함에 있어서 대인관계는 오히려 현상적인 문제였고 본질적인 문제는 자존감이나 행복도의 문제인 것으로 밝혀졌다. 특히 있는 그대로의 삶에 대한 평가절하나 무화 그리고 무화의 원인으로서의 특정 가치의 과대평가, 즉 내담자가 자신의 삶의 절대적 가치로 생각한 가치의 결핍으로 인한 삶 전체의 무화와 연동되어 있는 것으로 보였다. 이를 해소하기 위한 상담 방법은 〈면대면 상담〉을 중심으로 하였다. 그러나 주 1회의 상담이 지니는 상담 간의 단절성을 극복하기 위하여 상담과 상담 사이의 간극의 최소화 전략이 필요하였다. 이러한 난점을 해소할 전략으로 선택한 것은 바로 〈과제하기〉이었다. 〈과제하기〉는 상담 후에 상담과 연계된 과제를 내담자가 다음 상담일까지 수행함으로써 한편으로는 상담 회기 사이의 공백이 지니는 치료적 지연을 최소화하고 치료적 지속을 최대화할 수 있으며, 다른 한편으로는 철학치료의 본질인 내담자 자신에 의한 내담자 자신의 치료를 내담자 자신에게 에토스화하기 위해서이다. 즉 상담 중에는 상담사의 산파적 조력으로 인하여 내담자의 자립적 자기치료 기회가 상대적으로 약한 반면에 개별 회기 상담 후 〈과제하기〉에 있어서는 온전히 내담자 스스로 자기치료를 실천하는 독립적 계기를 마련하는 기회를 내담자가 지니게 된다.

상담의 종결에 있어서 또한 산파로서 상담사와 산모로서 내담자의 역할을 존중하는 철학상담치료의 고유성을 활성화하기 위하여 한편으로는 〈과제하기 1〉에서 내담자 스스로 상담 경과를 정리하여 종결하는 과제를 제시하였고, 다른 한편으로는 〈과제하기 2〉에서 사후관리를 위하여 내담자 스스로의 역할과 상담자에게 내담자가 원하는 역할 확인하기를 제시하였다. 이에 대해 〈과제하기 1〉인 내담자 셀프 종결에 있어서 상담진척 추이 분석으로서 〈(1) 상담의 원인 확인 (2) 상담 방법 확인 (3) 〈과제들〉을 중심으로 불편소인으로서 '대인관계', '외로움', 그리고 희망소인으로서 '행복'을 대비하여 상담의 진단적 추이 분석하기 (4) 상담의 치료적 추이 평가하기: 불편소인에 대한 사고의 적절성 성찰과 검토를 통하여 자신에 대한 자신의 평가를 수정하고 보완하기〉를 수행하였다. 〈과제하기 2〉와 관련해서는 사후관리에 대한 내담자 자신과 상담사의 역할에 대한 내담자의 의견에 대한 확인으로서 내용은 다음과 같다: 〈(1) 내담자의 역할로서 상담의 3원칙[38] 일상화, 자신의 의지와 노력으로 3원칙 떠올리기, 부차적인 의문점이나 도움이 필요한 경우에 문제가 악화되기 전에 상담사를 방문하거나 메일을 통해 도움 받기: 내담자의 역할로서 〈행복노트〉 진지하게 주기적으로 쓰기 (2) 상담사에 대한 희망 역할로서 한 달에 1회 〈행복노트〉 작성 경과에 대해 질문과 내담자가 도움을 요청할 때 상담〉 등으로 정리되었다.

뿐만 아니라 인지차원에 머물곤 하는 상담치료의 한계를 생생한 삶의 현실 차원으로 확장하기 위하여 〈과제하기〉에 추가하여 〈사후상담〉을 적극적으로 활용하였다. 이는 철학상담의 시작은 상담실에서 시작되고 종료되지만 자기치료로서 철학상담의 진정한 시작은 바로 상담사의 치료적 개입이 종결되고 나서 시작되기 때문이다. 따라서 내담자 홀로 자신과 세계를 직면하게 되는 상담 종결 시점임을 내담자에게 숙지하도록 하고, 이를 사후상담을 통하여 실천하도록 조력하는 일이 중요하다. 이때 '내담자의 자력'을 최대화하도록 돕기 위하여 '상담사의 조력'을 최소화하는 것이 필요하다. 철학상담치료의 최후의 성패를 가늠하는 중요한 척도인 〈사후상담〉은 특히 상담사와 내담자 간의 대화 중심의 상담이 아니라 바로 내담자가 자신의 현실적인 삶의 시공간 속에서 스스로 조형력의 힘으로 행하는 삶의 변형이라는 중요한 양식을 주제화한다.

이와 같은 〈사후상담〉을 논자는 주로 논리기반치료의 다섯 단계들 중에 마지막 단계인 '의지력 훈련'과 니체의 '조형력' 개념을 바탕으로 한 '조형적 실천'을 절충하여 지원하였다. 의지력 훈련과 조형적 실천을 통하여 내담자가 상담자로부터 자립적으로 자기치료 활동을 본격적으로 시작하도록 〈사후상담〉을 설계하였다. 이와 같은 〈사후상담〉은 그 외에도 '상담 중에' '인지적으로' 그리고 〈과제하기〉를 통해 '인지적인 동시에 실천적으로' 수행하였던 자기 진단이나 치유를 상담 종료 시점부터 이제 일상으로 돌아가 현장에서 실천적으로 수행함으로써 당면 호소문제와 관련하여 인지적으로 지원된 치료적 자원을 내담자의 삶의 시간과 공간 영역 속에 실천적으로 지원하는 활동이다. 이러한 활동은 치료의 대상인 동시에 주체인 내담자 자신을 이론의 영역에서 실천의 영역으로 확대하는데 기여한다. 이러한 확대는 단기적이고 일시적인 호전을 장기적이고 지속적인 호전으로 유지하는 데에 일조한다.

이와 같은 상담 기간과 상담 방법은 어떤 결과를 가져왔을까? 논자는 내담자의 회복탄력성 척도 향상을 위한 프로그램의 효과를 알아보기 위한 〈회복탄력성지수〉 사후검사를 상담이 종료되는 마지막 회기에 실시하였다. 검사 결과는 다음과 같았다. 대분류별로 볼 때 '자기조절능력' 점수는 사전 64점에서 사후 72점으로서 8점 정도 상승했으며, 이는 우리나라 평균점수인 63.5점과 비교해 보았을 때 상당한 향상을 나타내었다. 하위분류별로 보면, ① 감정조절능력은 사전 19점에서 사후 25점으로, ② 충동조절능력은 사전 22점에서 사후 24점으로, ③ 원인분석능력은 사전 23점에서 사후 23점으로 나타났다. 특히 사전에도 양호했던 내담자의 원인분석능력은 사후 점수와 차이가 별로 없었으나 감정조절능력에 있어서는 상당히 향상되었으며, 충동조절능력에 있어서도 약간의 향상을 보이고 있었다.

둘째 대분류인 '대인관계능력' 점수는 사전 53점에서 사후 65점으로서 12점 상승했으나 우리나라 평균점수인 67.8점보다는 약간 낮은 점수를 나타내었다. 하위분류별로 보면, ① 소통능력은 사전 15점에서 사후 21점으로, ② 공감능력은 사전 24점에서 사후 24점으로, ③ 자아확장능력은 사전 14점에서 사후 20점을 나타내었다. 특히 사전에도 양호했던 공감 능력은 같은 점수를 유지하고 있었던 것에 반하여 소통능력과 자아확장능력은 사전·사후검사에 있어서 유의미한 긍정적 차이를 나타내고 있었다.

마지막 대분류인 '긍정성' 점수는 사전 45점에서 사후 67점으로서 22점 상승했으며, 이는 우리나라 평균점수인 64.4점을 상회하는 점수를 나타내었다. 하위분류별로 보면, ① 자아낙관성은 사전 21점에서 사후 24점으로, ② 생활만족도는 사전 10점에서 사후 19점으로, ③ 감사하기는 사전 14점에서 사후 24점으로 나타났다. 긍정성 하위분류에 있어서는 전반적으로 상승의 폭이 크게 나타났다. 특히 생활만족도와 감사하기에서 현저한 차이를 나타내고 있었다.

상담자 상담 종결에 있어서 〈회복탄력성지수〉 사전・사후검사 전체 총점을 비교해 볼 때, 사전 162점으로부터 사후 204점으로서 42점이 상승해 있었다. 이는 또한 우리나라 평균 195점보다 9점이나 더 높게 나타났다. 따라서 상담 종결 시 내담자의 호소문제는 양호하게 해소된 것으로 평가되었다. 이와 같은 사전・사후검사 분석을 전체적으로 볼 때, 대분류의 마지막 항목인 "긍정성"에 있어서 현저한 차이를 드러내는 것으로 보이며, 이와 같은 긍정적인 결과는 프로그램 구성에 있어서 니체의 가치의 가치에 대한 계보학적 검토와 더불어 특정의 가치의 절대적인 가치 독점의 해독제로서 '운명애'나 '동일한 것의 영원회귀' 콘텐츠 등의 활용이 긍정적인 기여를 한 것으로 평가된다.

5. 맺는 말

오늘날 상담이나 치료가 문제시하는 영역은 어쩌면 가장 니체적인 영역일 수도 있을 것이다. 왜냐하면 그는 이상이 아니라 현실을, 하늘이 아니라 땅을, 도덕적 당위성이 아니라 있는 그대로의 삶을 대상으로 하고 긍정하였기 때문이다. 지상에서의 삶을 중심 대상으로 다루고 있는 철학상담치료 방법이나 대상 영역은 실로 다양하지만, 이 글에서 살펴본 소크라테스적 문답법이나 논리기반치료는 여러 면에 있어서 니체의 사상과 적지 않은 공통분모를 지니고 있다. 이런 면에서 보자면 또한 가장 니체적인 철학이 어쩌면 가장 치료적일 수 있다고 할 수 있다. 왜냐하면 오늘날 병리적 현실의 주요원인은 니체의 망치철학 또는 해체적 활동의 대상과 너무도 닮아 있기 때문이다. 니체 사상이 추구하는 세계는 현실이며, 인간에 대한 관점 또한 이성에 의해서 지배되는 이론적 인간이라기보다는 피와 살로 이루어진 디오니소스적 인간이다. 교량으로서 인간이라는 개념에서 니체가 제시하는 인간은 목적이 아니라 과정인 까닭에 수많은 시행착오 속에서 부단히 자신을 극복해가는 극복인(Übermensch)의 운명을 지닌다. 이 극복인으로서 현대인은 운명적으로 고통인(homo patiens)이자 치료인(homo curans)일 수밖에 없다.

니체 철학은 그 어느 철학보다도 탁월한 치료적 잠재성을 지니고 있다. 논자는 이와 같은 니체의 치료적 담론들 중에서 시험적으로 계보학적 사유와 이 사유가 담고 있는 가치의 가치에 대한 물음 콘텐츠를 오늘날 현대인들이 당면한 치료적 운명의 극복책으로 활용하여 보았다. 이 과정에서 특히 주목할 만한 것은 이론 중심의 철학이 그러하듯이 인지적 차원의 상담치료 또한 자신의 추상성으로 인하여 자신의 힘을 현실 영역까지 미치도록 하기에는 역부족이었다는 점이며, 이 공백을 채울 수 있는 담론은 삶 중심의 실천적 힘을 담지하고 있는 니체의 계보학적 사유임을 다시 한 번 철학상담치료의 영역에서 확인할 수 있다.

참고문헌

김선희, 「논리기반치료와 합리적 정서행동치료의 절충적 정체성에 대한 철학치료적 분석: 진리관을 중심으로」, 『철학연구』 제102집, 2013.

김선희, 「소크라테스적 문답법」(번역), 『철학 실천과 상담』 제3집, 2012.

김선희, 「'작은 철학'의 짧은 삶과 '긴 철학'의 오래된 삶: 파르마콘으로서 플라톤의 다섯 가지 역설들」, 『철학탐구』 제33집, 2013.

김선희, 「철학치유를 위한 서언: 철학치유의 세 축으로서 자기인식, 자기배려, 대화」, 『철학연구』 제107집, 2008.

김선희, 「철학프락시스를 통한 철학교육과 철학치료 방법론 연구: 소크라테스의 문답법을 중심으로」, 『동서철학연구』 제69호, 2013.

김주환, 『회복탄력성: 시련을 행운으로 바꾸는 유쾌한 비밀』, 위즈덤하우스, 2011.

김정현, 「니체와 실천철학의 길: 실천철학과 삶의 예술, 철학치유/치료와 연관해서」, 『니체연구』 제19집, 2011.

김정현, 「얄롬의 실존적 심리치료와 니체사상」, 『니체연구』 제22집, 2012.

김정현, 『철학과 마음의 치유: 니체, 심층심리학, 철학상담치료』, 책세상, 2013.

이상엽, 「니체의 근원적 허무주의」, 『니체연구』 제24집, 2013.

이영의, 「인문치료의 토대 구축을 위한 시론」, 강원대학교 HK한국인문치료사업단 월례발표회, 2014.

Cohen, E., "The Theory of Logic-Based Therapy", *The Workshop of Philosophical Counseling by Dr. Elliot Cohen 2012* (handbook). Taiwan: Fu Jen Academia Catholica, 2012.

Foucault, M. "Nietzsche, die Genealogie, die Historie", Michel

Foucault: *Schriften in vier Bänden. Dits et Ecrits*(Band II), Frankfurt am Main, 2002

Jos. K. · Erik. B. · Pieter. M., *Free Space: Field Guide to Conversations*, Uitgeverij Boom, Amsterdam, 2009.

Nelson, L., (trans. Thomas K. Brown III), *Socratic Method and Critical Philosophy Selected Essays by Leonard Nelson*, Dover Publication, New York, 1965.

Nietzsche, F., *Also Sprach Zarathustra*. 정동호 역. 『차라투스트라는 이렇게 말했다』, 책세상, 2000.

Nietzsche, F., *Die Geburt der Trag die*. 이진우 역. 『비극의 탄생』, 책세상, 2005.

Nietzsche, F. *W., Ecce Homo*. 백승영 역, 『이 사람을 보라』, 책세상, 2002.

Nietzsche, *F., Fröhliche Wissenschft*. 안성찬 · 홍사현 역, 『즐거운 학문』, 책세상, 2005.

Nietzsche, F., *Unzeitgemässe Betrachtungen. 이진우 역, 『반시대적 고찰』, 책세상, 2005.*

Nietzsche, F., *Zur Genealogie der Moral*. 김정현 역. 『도덕의 계보』, 책세상, 2002.

※ 이 글은 필자의 논문 「가치의 무화에 대한 니체의 계보학적 물음의 철학치료적 접목: 현대인의 '회복탄력성' 과의 관계를 중심으로」(『니체연구』 제25집, 125-157쪽, 한국니체학회)를 수정 · 보완한 것이다.

1) F. Nietzsche, 김정현 역, 『도덕의 계보』, 책세상, 2002, 340-341쪽.

2) 허무주의가 단지 하나의 시대적 현상으로서 출현하고 사라졌다면 니체의 '허무주의' 개념은 단지 하나의 유행어로 그쳤을 것이다. 허무주의는 하나의 우연적 사건인가 아니면 인간 실존의 근원적 현상인가? 이 물음에 대한 답을 우리는 다음의 연구에서 구체적으로 살펴볼 수 있다: 이상엽, 「니체의 근원적 허무주의」, 『니체연구』 제24집, 2013.

3) F. Nietzsche, 위의 책 참조.

4) 푸코는 니체가 사용하고 있는 '기원'이라는 용어를 기원에 대한 강박적 집착을 지닌 형이상학적 전통의 그것과의 차이를 통하여 선명히 하고자 한다. 이를 위하여 푸코는 기원을 발생이나 유래와 같은 용어들과의 관계 속에서 드러내고자 한다. 그는 계보학자의 눈에 그려지는 세계는 시간과 공간을 초월하는 본질이나 실체가 아니라 시간과 공간에서 생성 소멸하는 후천적이고 가변적인 고안물(Erfindung)임에 주목한다. Foucault, M., "Nietzsche, die Genealogie, die Historie", Michel Foucault, *Schriften in vier Bänden Dits et Ecrits*, Frankfurt am Main, 2002, 167쪽. 따라서 푸코는 기원보다는 발생이나 유래라는 용어가 계보학의 고유한 대상을 더 잘 표현함을 지적한다. Foucault, M., 같은 책, 171쪽 참조.

5) 아헨바흐(G. B. Achenbach)로부터 시작되는 철학의 실천적 활동과 니체철학의 직간접적인 영향관계에 대해서는 다음의 논문에서 잘 논의되어 있다: 김정현, 「니체와 실천철학의 길: 실천철학과 삶의 예술, 철학치유/치료와 연관해서」, 『니체연구』 제19집, 2011.

6) 소크라테스의 문답 유형에 관해서 다음의 선행연구를 바탕으로 하였음: 김선희, 「철학프락시스를 통한 철학교육과 철학치료 방법론 연구: 소크라테스의 문답법을 중심으로」, 『동서철학연구』제69호, 2013, 257-288쪽.

7) 20세기 초에 독일 철학자이자 교육자이면서 정치가이기도 한 레오나드 넬손 Leonard Nelson(1882-1927)에 의해서 다시 환기된 소크라테스의 문답법은 오늘날 다시 네덜란드에서 주목된다. 특히 여기서 새롭게 부각되는 점은 이론적 물음에 관한 것이 아니라 모든 참가자들이 접근 가능한 구체적인 경험들에서 나온 물음에 관한 것을 문답의 대상으로 한다는 점이다. 따라서 이 소크라테스적 문답법은 우리들의 생생한 경험들에 대한 체계적 성찰을 추구한다. Jos Kessels/Erik Boers/Pieter Mostert, *Free Space: Field Guide to Conversations*, Uitgeverij Boom, Amsterdam, 2009, 36-45쪽. 해당 내용에 대한 번역은 다음을 참조: 김선희, 「소크라테스적 문답법」, 『철학 실천과 상담』제3집, 2012, 143쪽 참조.

8) Cohen, E., "The Theory of Logic-Based Therapy", *The Workshop of Philosophical Counseling by Dr. Elliot Cohen 2012* (handbook). Taiwan:

Fu Jen Academia Catholica, 2012.

9) F. Nietzsche, 위의 책, 346쪽.

10) F. Nietzsche, 같은 책, 같은 쪽.

11) 니체 사상이 기존의 상담이나 치료 영역에 미친 영향력은 주지하다시피 프로이트에서 시작되는 심리학의 발달과 이미 긴밀히 연관되어 있었다. 니체와 현대 심층심리학의 영향사적 관계에 대한 면밀한 천착은 다음의 저술에서 명확히 제시되고 있다: 김정현, 『철학과 마음의 치유: 니체, 심층심리학, 철학상담치료』, 책세상, 2013. 그러나 그와 같은 관계는 주로 니체의 실존철학적 경향이 주를 이룬다고 할 수 있다. 또한 적용 영역에 있어서도 심리기반의 상담치료 영역이 주를 이루었다. 필자는 니체의 사상에 있어서도 특히 '계보학'이 지니고 있는 상담치료적 가능성을 모색하고자 하며, 나아가 기존의 심리 영역이 아닌 철학상담치료 영역에서 이와 같은 가능성을 접목해 보고자 한다.

12) F. Nietzsche, 같은 책, 354쪽.

13) F. Nietzsche, 같은 책, 399-400쪽.

14) 니체의 가치 패러다임은 가치의 무화와 이에 따른 허무감이나 무기력증을 진단하는 데 아주 중요한 개념들을 제시한다. F. Nietzsche, 같은 책, 345쪽.

15) 다음의 니체의 사유는 바로 이를 입증하고 있다: "바로 그 무렵 도덕의 기원에 관한 나 자신의 가설이나 타인의 가설보다 더 중요한 것이 근본적으로 내 마음에 자리 잡고 있었다. … 나에게 중요한 것은 도덕의 가치였다. —그것에 대해 나는 거의 홀로 나의 위대한 스승인 쇼펜하우어와 대결해야만 했는데 이를 통해 니체는" 쇼펜하우어의 최고 가치인 '동정(Mitleid)'의 가치에 대한 물음 그리고 나아가 그것의 독으로서 유럽의 허약화를 폭로한다. F. Nietzsche, 같은 책, 같은 쪽.

16) F. Nietzsche, 같은 책, 344쪽.

17) 또한 이 검토의 척도는 초월적이고 이상적인 것이 아니라 현실적이고 현세적인 삶(das Leben)이어야 할 것이다. F. Nietzsche, 이진우 역, 『비극의 탄생』, 책세상, 2005, 12쪽 참조.

18) F. Nietzsche, 『도덕의 계보』, 344쪽.

19) 니체에 있어서 가치의 탈가치화(Entwertung)는 이중적 의미를 지닐 수 있다. 즉 한편으로는 기존의 가치평가에 대한 평가의 결과에 의한 가치들의 탈가치화의 의미와 다른 한편으로는 저 기존의 가치들을 기반으로 한 개인들이 추구하는 가치들의 탈가치화를 의미한다. 전자는 능동적 탈가치화가 될 것이며 후자는 수동적 탈가치화라고 할 수 있다. 따라서 후자는 주어진 가치체계에 길들여져 있는 현대인들이 그 가치체계를 실현하지 못할 때 비자발적으로 발생되는 현상이며, 전자는 이와 같은 가치체계에 대한 비판을 통하여 기존의 가치체계에서 벗어나고자 하는 능동적이고 자발적인 탈가치활동이라고

할 수 있다. 이 논문에서는 전자를 철학치료의 중요 성찰 방법으로 보고자하며, 후자는 우울증이나 허무주의에 빠져있는 현대인들에게 나타나는 현상으로서 치료 대상 영역에 해당된다. F. Nietzsche, 같은 책, 343쪽.

20) 회복탄력성에 대한 자세한 논의는 2장에서 자세하게 논의하고자 한다. 인문학 영역 내에서 이루어지는 다양한 상담치료 영역에 있어서 회복탄력성 개념과의 연관관계에 대한 주목은 인문치료 영역에서 시도되고 있다. 인문치료에 관한 최근 한 연구는 인문치료의 목표인 정신적 웰빙을 구현하기 위해 필요한 세 가지 본질적 요소를 선정하여 그 요소들을 통해 정신적 웰빙을 규정하고 있다. 그리고 그 세 가지 요소로 '자존감', '소통', '인지'를 제시하고 있다. 나아가 이 세 요소들을 측정하기 위한 검사도구로서 〈자아존중감 척도〉, 〈회복탄력성지수〉, 〈다중지능검사〉의 적용가능성을 검토한 바 있다. 이영의, 「인문치료의 토대 구축을 위한 시론」, 강원대학교 HK한국인문치료사업단 월례발표회, 2014. 1. 28.

21) 김주환, 『회복탄력성』, 61-62쪽.

22) 바로 '조형력' 개념 또한 그와 같은 힘을 발휘하게 될 것이다. 니체는 그 개념을 다음과 같이 표현하고 있다. "과거의 것이 현재의 무덤을 파지 않으려면, 과거의 것이 잊혀야할 한도와 한계를 결정하기 위해서 우리는 한 인간, 한 민족과 한 문화의 조형력이 얼마나 큰지를 정확히 알아야 한다. 조형력이란 스스로 고유한 방식으로 성장하고, 과거의 것과 낯선 것을 변형시켜 자기 것으로 만들며, 상처를 치유하고 상실한 것을 대체하고 부서진 형식을 스스로 복제할 수 있는 힘을 말한다." F. Nietzsche, 『반시대적 고찰』, 이진우 역, 2005, 293쪽.

23) 김주환, 위의 책, 62쪽.

24) '동일한 것의 영원회귀(die ewige Wiederkehr des Gleichen)'는 다음과 같이 묘사되고 있다. "최대의 중량.—어느 날 낮, 혹은 어느 날 밤에 악령이 너의 가장 깊은 고독 속으로 살며시 찾아들어 이렇게 말한다면 그대는 어떻게 하겠는가: '네가 지금 살고 있고, 살아왔던 이 삶을 너는 다시 한 번 살아야만 하고, 또 무수히 반복해서 살아야만 할 것이다; 거기에 새로운 것이란 없으며, 모든 고통, 모든 쾌락, 모든 사상과 탄식, 네 삶에서 이루 말 할 수 없이 크고 작은 모든 것들이 네게 다시 찾아올 것이다. … '너는 이 삶을 다시 한 번, 그리고 무수히 반복해서 살기를 원하는가?' 라는 질문은 모든 경우에 최대의 중량으로 그대의 행위 위에 얹힐 것이다! 이 최종적이고 영원한 확인과 봉인 외에는 더 이상 아무 것도 요구하지 않기 위해서는, 어떻게 그대 자신과 그대의 삶을 만들어나가야만 하는가!", Nietzsche, 안성찬 · 홍사현 역, 『즐거운 학문』, 책세상, 2005, 314-315쪽.

25) 인간에게 있는 위대함에 대한 니체의 정식은 'amor fati' 즉 운명애이다. 그것은 이하에서 확인할 수 있듯이 바로 있는 그대로의 자신에 대한 사랑이다. "인간에게 있는 위대함에 대한 내 정식은 운명애다: 앞으로도, 뒤로도 영원토

록 다른 것은 갖기를 원하지 않는다는 것. 필연적인 것을 단순히 감당하기만 하는 것이 아니고, 은폐는 더더욱 하지 않으며—모든 이상주의는 필연적인 것 앞에서 허위다—, 오히려 그것을 사랑하는 것…" Nietzsche, 백승영 역, 『이 사람을 보라』, 책세상, 2005, 373-374쪽.

26) 김주환, 위의 책, 71쪽.

27) 김주환, 같은 책, 61-65쪽 참조.

28) 소크라테스적 문답법(Socratic Dialogue)의 절차는 11단계로 이루어져 있다. 1 탐구의 주제를 가능한 초기 물음들initial questions로 작성하라. 이들 중에 하나를 선택하고 그것을 모두가 볼 수 있게 적으라. 2 예는 초기 물음이 어떤 역할을 하는 당신 자신의 경험 속에서 찾아라. 각 예를 간단하게 설명하고 몇 개의 문장들로 적으라. 3 한 가지 예를 선택하라. 가장 흥미로운 것은 어떤 것인가? 초기 물음을 검토하기 위해 가장 풍부한 예는 어느 것일까? 4 예를 충분히 세부적으로 이야기함으로써 모든 참가자들이 발표자의 뒤를 이을 수 있도록 하라. 참가자들이 물음을 명료하게 하고 나면 다음에 대해 묻게 하라: a 무슨 일이 실제로 일어났는가; b 무엇을 발표자가 실제로 했는가; c 상황은 그나 그녀에게 개인적으로 무엇을 의미 하는가; d 초기 물음과의 연관성은 무엇인가; 5 결정적인 순간crucial moment에 관한 예, 즉 예를 나타내는 개인의 어떤 활동, 경험 혹은 판단(그러므로 '발표자'로 불린)에 집중하라. …" Jos Kessels · Erik Boers · Pieter Mostert, 위의 책, 36-45쪽. 해당 내용에 대한 번역은 다음을 참조: 김선희 역, 「소크라테스적 문답법」, 『철학 실천과 상담』제3집, 2012, 144-146쪽.

29) LBT의 첫 단계는 '개인의 정서적 추론 확인하기(Identifying A Person's Emotional Reasoning)'이다. 내담자의 정서적 추론에 사용되는 삼단논법은 이론적 삼단논법(theoretical syllogism)이 아니라 실천적 삼단논법(practical syllogism)이다. 두 번째 단계는 '비합리적인 전제들 확인하기(Identifying Irrational Premises)'이다. 세 번째 단계는 논리적 기술과 방법을 통하여 '비합리적 전제를 반박하는 것(Reputing Irrational Premises)'으로 이루어져 있다. 네 번째 단계는 '철학적 해독제의 구축(Constructing Philosophical Antidotes)' 단계이다. 마지막 단계는 '의지력 훈련(Exercising Willpower)'이다. 김선희, 「논리기반치료와 합리적 정서행동치료의 절충적 정체성에 대한 철학치료적 분석: 진리관을 중심으로」, 『철학연구』제102집, 2013, 350-358쪽.

30) 엄밀한 의미에서 논자는 철학적 산파 역할을 하는 상담사로서 철학적 산모인 내담자가 자신의 문제를 자신의 경험 속에서 스스로 발견하고 해결하는 것을 돕기 위하여 물음을 던지는 역할에 주력하였다.

31) 물론 LBT에 있어서 철학적 제 이론들을 활용하는 '철학적 해독제의 구축(Constructing Philosophical Antidotes)' 단계가 있기는 하지만 이는 소극적 범위에 그치고 있다. 하지만 철학 콘텐츠의 치료적 필요성을 이미 인식하

고 적용한 중요한 실례임에는 틀림없다. 이와 같은 점은 기존의 심리치료나 정신의학에 있어서의 치료와 철학치료의 변별점을 만드는 중요한 지점이다. Cohen, E. 위의 책, 24-26쪽 참조.

32) 철학상담치료가 니체를 사용하기 이전에 이미 그의 철학적 지혜는 심리학자들에 의해서 주목되어졌다. 이와 같은 예를 주목한 최근의 연구로는 다음의 논문이 있다. 김정현, 「얄롬의 실존적 심리치료와 니체사상」, 『니체연구』 제22집, 2012.

33) 내담자에 대한 상담사의 윤리를 준수하기 위하여 내담자 개인적 사항과 관련된 사항들은 밝히지 않고자 한다.

34) 〈과제하기〉에 대한 구체적인 논의는 3장에서 다루어질 것이다.

35) 세 가지 과제 중에서 가장 큰 비중을 차지하고 있는 셋째 과제를 살펴보면 다음과 같다.

실천적 삼단논법1

대전제: 활발한 사람들은 지속적인 교류를 유지한다.
소전제: 나는 활발한 사람이 아니다.
결 론: 나는 사람들과 지속적인 교류를 유지하지 못한다.

재구성한 실천적 삼단논법1

대전제: 활발한 사람들은 지속적인 교류를 유지한다.
소전제: 나는 충분히 활발한 사람이 아니다.
결 론: 나는 사람들과 충분한 지속적 교류를 유지하지 못한다.

실천적 삼담논법2

대전제: 활발한 사람은 대인관계가 활발하고 행복을 느낀다.
소전제: 나는 활발한 사람이 아니다.
나는 대인관계가 원활하지 않다.
결 론: 나는 행복하지 않다.

재구성한 실천적 삼단논법2

대전제: 활발한 사람은 대인관계가 활발하고 행복을 느낀다.
소전제: 나는 충분히 활발한 사람이 아니다. 나는 대인관계가 충분히 원활하지 않다.
결 론: 나는 활발한 사람은 아니기 때문에 (비록) 대인관계가 활발하지 않아도 다른 것에서 행복을 느낄 수 있다.

결론의 근거 확인하고 수정하기:
내가 행복하지 않다고 결론을 내린 이유는 무엇인가?

대전제: 바른 사람은 대인관계가 좋아야 한다.

<u>소전제: 나는 대인관계가 좋지 않다.</u>
결 론: 대인관계가 좋지 않다고 해서 내가 바른 사람이 아닌 것은 아니다.

⇨ 바른 사람은 대인관계가 좋아야 한다는 통념을 가지고 있는 것이 문제였다. 내가 원하는 만큼만 활발하고 대인관계를 유지하면 된다.
* 대인관계가 좋아야만 행복을 느낀다는 것은 아니라는 것을 알게 되었다.

36) Foucault, M., 위의 책, 166쪽.

37) 역방향 추상에 대한 이와 같은 주목의 구체적인 내용은 다음과 같다. "… 레오나드 넬슨Leonard Nelson(1882-1927)은 소크라테스적 방법을 이론적이면서도 현실적으로 발전시켰다. 넬슨의 접근에 있어서 결정적인 것은 '역방향regressive 추상'의 아이디어였다. 이는 구체적인 예에서 시작하여 우리가 그 예의 토대에 놓여있는 전제로 소급해가는 것traces back(회귀하는 것regresses)을 의미한다. 이와 같은 전제들을 탐구함으로써, 이것들은 물론 그 예 속에 있는 특정한 판단들에 접근하기 위해서 필요한데, 우리는 이러한 판단들이 기초한 토대로 거슬러 올라간다. 그것은 우리가 일반적인 이해를 발전시키는 이 방법(추상) 속에 있다." Jos Kessels · Erik Boers · Pieter Mostert, 위의 책, 36쪽. 해당 내용에 대한 번역은 다음을 참조: 김선희 역, 「소크라테스적 문답법」, 『철학 실천과 상담』제3집, 2012, 143-144쪽 참조.

38) 김선희, 「철학치유를 위한 서언: 철학치유의 세 축으로서 자기인식, 자기배려, 대화」, 『철학연구』 제107집, 2008, 127-127쪽 참조.

찾 / 아 / 보 / 기

인문치료 대상별 사례 연구

저 자 : 김익진, 유강하, 유건상, 윤일수,
정성미, 최병욱, 김선희
펴낸이 : 신승호(辛承昊)
강원대학교 출판부
펴낸곳 : 200-701 춘천시 강원대학길1(효자2동 192-1)
☎ (033) 250-7171 / FAX (033) 259-5716
등 록 : 춘천시 제28호
발행일 : 2015년 6 월 25 일 초판

ISBN 978-89-7157-350-1 정가 12,000원